L'OBÉLISQUE DE LOUQSOR

3e SÉRIE PETIT IN-8

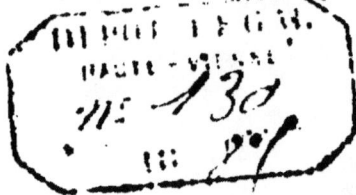

L'OBÉLISQUE DE LOUQSOR.

La place de la Concorde.

3° in-8.

L'OBÉLISQUE

DE LOUQSOR

ET LES

DÉCOUVERTES DE CHAMPOLLION

ÉDITION REVUE

PAR E. DU CHATENET.

LIMOGES

EUGÈNE ARDANT ET Cⁱᵉ, ÉDITEURS.

L'OBÉLISQUE

DE LOUQSOR

Depuis quarante et quelques années, le
monolithe gigantesque, connu sous le nom
d'Obélisque de Louqsor, occupe la place de
la Concorde, l'une des principales de Paris,
entre les Tuileries et les Champs-Elysées,
transporté à grands frais des salles de la
Haute-Egypte dans la capitale de la France.
A la translation de ce monument, se rattache l'une des découvertes modernes les plus
mémorables : l'une de ces découvertes qui
nous appartiennent à tous, mais dont il nous
faut prendre possession par quelque étude,
si nous ne voulons ressembler à ces proprié-
taires qui ne connaissent leur bien que de
nom.

L'antique monument de la place de la

Concorde ne sera pas seulement le point de départ de l'excursion que nous allons faire sur un terrain peu frayé ; nous le retrouverons en chemin et le verrons s'animer, si je puis dire, de tout l'intérêt qu'y ajoutent les diverses sortes de souvenirs qui s'y rattachent. Il est juste que cette pierre, pour prix des sacrifices qu'elle a coûté, nous dise tout ce qu'elle peut nous dire. J'espère vous la montrer digne, au plus haut degré, du regard attentif des penseurs et du lieu qu'elle occupe.

Transportons-nous au pied de l'Obélisque. Ce qui frappe, au premier abord, même dans un si large espace, ce qui frappe d'autant plus que l'on approche davantage, c'est la hauteur de ce fût de granit tout entier d'une seule pièce (1). Nos yeux ne peuvent s'ha-

---

(1) La hauteur du fût, proprement dit, est de 20 mètr. 89 centim. Celle de la petite pyramide terminale, ou du pyramidion, tronqué, en partie, est de 1 mètre 94 centim. Total, 22 mètres, 83 centim. Le poids de l'Obélisque a été évalué à 220,528 kilogrammes. Sa masse représente, à peu de chose près, 85 mètres cubes d'un granit rose, dont la pesanteur, comparativement à celle de l'eau, figurée par 1, est de 2, 7. C'est la teinte rosée du feldspath qui donne ici, au granit, la couleur qui le distingue.

bituer à voir un bloc de cette dimension et
de ce poids, dans une telle position. La
première question qui se présente est une
question de mécanique : comment cette
pierre est-elle venue là? comment a-t-elle
été portée à cette hauteur et posée avec tant
de justesse sur ce dé de granit breton? Ce
n'est pas, au reste, la première fois que cette
pierre est debout sur un piédestal. L'ingénieur français qui l'a dressée où nous la
voyons, avait eu à la descendre, ailleurs,
d'une autre base; il avait eu à la traîner à
terre, à la voiturer sur des fleuves, sur des
mers. Remontons-nous plus haut, nous sommes conduits aux roches lointaines dont
cette pierre est un fragment; aux carrières
d'où elle a été extraite et transportée à sa
destination primitive. Entre cette extraction
originaire et la première érection, que de
travaux encore! Voyez avec quel soin cette
matière si dure a été taillée; observez l'in-
clinaison calculée des arêtes, la légère convexité des côtés (1), et sur les quatre faces,

(1) Cette convexité prévient l'illusion d'optique qui eût
donné à de surfaces planes l'apparence de surfaces con-
caves. Elle est de 34 millimètres.

au-dessous du tableau supérieur, le double
étage de sculptures à triple colonne (1) : la
colonne du milieu vivement distinguée des
autres par la profondeur de l'incision (2).
Quelle variété dans ces figures, empruntées,
sans exclusion, à tous les ordres d'objets na-
turels ou artificiels, à toutes les classes d'animaux, à toutes les parties du corps humain,
aux plantes, aux astres, au matériel de la vie
civile et militaire, aux professions les plus
diverses. Quelle vérité dans ces images,
quelle netteté dans leur contour, quelle
symétrie dans leur distribution !

Si jamais œuvre méritera d'être prise pour
emblème de hardiesse et de patience, c'est
assurément celle-ci. Dans son extrême simplicité, c'est à la fois l'une de ces masses à
l'aspect desquelles grandit l'esprit de
l'homme, et l'une de ces fondations par les-

(1) Le pyramidion a seul perdu ses sculptures.
(2) Sur les quatre faces, les figures de la colonne médiale
sont sculptées en bas-relief et dans le creux, à une profondeur de 135 millimètres, et parfaitement polies. Les
figures des colonnes latérales ont une profondeur moitié
moindre, et sont seulement piquées à la pointe. La partie
supérieure de chaque figure est *incisée* plus profondément
que la partie inférieure.

quelles il participe à la vie de l'espèce, et se
mêle à un nombre indéfini de générations
successives. Cette haute ambition de durée,
que le choix seul de la matière atteste, n'est
pas vaine. Trente-quatre siècles d'âge ne
parlent pas moins à l'imagination que
soixante-et-dix pieds de hauteur.

Mais qu'est-ce que cette pierre? N'est-ce,
aux proportions près, que l'une de ces tables
écrites, sorte de livres publics, que les anciens dressaient, sous le nom de stèles? — Il
faut convenir qu'une quadruple page de
cette espèce, ne pouvait manquer de commu-
niquer au lecteur la force et la sérénité qui
respirent en elle. Joignant à l'usage ordinaire des stèles une idée d'ascendance vers
le ciel, aurait-on voulu faire de l'ensemble
le simulacre d'un flambeau? La forme pyra-
midale du sommet n'indique-t-elle pas une
sorte de contre-rayonnement terrestre, celui
de la piété humaine, qui répond au rayonne-
ment de la Bonté suprême, dont le soleil est
l'image, et y retourne comme à son auteur?
— C'est en vain que nous nous arrêterions à
ces conjectures. Cette pierre, étrangère

parmi nous, éloignée des monuments du même temps et de la même famille, détachée, en quelque sorte, de l'édifice dont elle fit partie, séparée même de son ancien piédestal, ne peut, par sa forme seule, répondre à nos questions.

Interrogeons les sculptures dont elle est couverte. Nous reconnaissons facilement un acte religieux, une offrande dans le tableau supérieur, qui, sur les quatre faces, offre, à peu de chose près, la même image : celle d'un ⚊, à genoux devant une divinité assise. Nous pouvons encore remarquer que (à l'exception des oiseaux mitrés qui se voient au-dessous des tableaux d'offrande) les figures disposées en triple colonne sur les quatre faces, sont tracées par le haut, sur une sorte de triple ruban à franges, ou de bannière. Cette bannière ne peut-elle pas nous conduire à voir dans ce fût granitique, une représentation permanente de ces mâts ou de ces *mats* que l'on élève encore dans les grandes solennités et que l'on voit, devant la porte des temples, en plusieurs peintures antiques? Quant aux figures dont cette bannière est chargée, elles ne paraissent pas différer, dans leur arrangement et leur destination, de celles qui se voient au-dessous. Que signifient les unes et les autres (1)? Quelle pensée leur a-t-on donnée à transmettre? Ne nous apprendront-elles pas en quel temps cette pierre fut extraite, taillée, ciselée, dressée; en quel nom; à quelle occasion; dans quel dessein?

Il y a quelques années, ces figures, restées muettes pendant tant de siècles, nous eussent laissés sans réponse. « Cette pierre, nous eût-on dit, c'est une énigme. » Et l'on eût ajouté : « c'est le symbole du pays d'où elle vient, véritable pays des énigmes. »

Nous sommes ainsi transportés sur cette mystérieuse terre d'Egypte; et l'Egypte nous offre ce spectacle à une époque où notre Europe était encore plongée dans la plus profonde barbarie.

(1) Une particularité qui se remarque, dès l'abord, dans ces figures, c'est que plusieurs d'entre elles, de même espèce que les autres, forment des groupes distingués, du reste, par une sorte d'encadrement oblong, arrondi par les bouts et posé sur une base plane. Ces encadrements, qui ne reviennent pas moins de quarante-huit fois, enferment quatre groupes différents de figures.

Tour à tour objet de vénération et de
mépris ; sous ce ciel pur qui ne connait ni
pluie ni brouillards ; sur ce sable que brûle
un astre de feu, mais à qui, par une faveur
spéciale, sont versées, à jour fixe, les pluies
et les neiges de pays inconnus. Nous voici
sur les bords de ce fleuve aux sources igno-
rées, dont les eaux surabondantes se règlent
sur les besoins de ces plaines qu'il féconde,
entre deux déserts : sur ces bords où devait
naître et croître, incessamment affermie par
le retour des mêmes faits, la foi à une inter-
vention supérieure et providentielle, et, en
même temps, chose rare ! la prévoyance et
la *pourvoyance* ; c'est-à-dire à côté de la
religion et adaptées aux mêmes réalités,
l'Industrie et la Science.

Ce serait ici le lieu de reproduire les traits
sous lesquels l'éloquent enthousiasme de
l'évêque de Meaux, peignait, au XVII° siècle,
d'après les écrivains grecs, la constitution
religieuse, politique, civile, administrative,
de cette terre privilégiée (1) ; ce serait le
lieu de rappeler les preuves irrécusables que

(1) *Discours sur l'Histoire universelle*, 3° partie, chap. II.

citait *Bossuet*, de l'esprit d'observation, d'invention et de suite, qui caractérisait les habitants de cette contrée. « Ils devaient tout au Nil, s'écrie-t-il, et ce qu'ils ont fait du Nil, est incroyable. » Après avoir montré que ce pays était « le plus abondant par la nature, le plus cultivé par l'art, le plus riche, le plus commode, » Bossuet montre qu'il était aussi « le plus orné; » et, parlant de Thèbes : « les Grecs et les Romains, dit-il, ont célébré sa magnificence et sa grandeur, encore qu'ils n'en eussent vu que les ruines : tant elles étaient augustes... Les ouvrages des Egyptiens étaient faits pour tenir contre le temps. Leurs statues étaient des colosses, leurs colonnes étaient immenses. L'Egypte visait au grand et voulait frapper les yeux de loin, mais toujours en les contentant par la justesse des proportions. On a découvert, dans la Haute-Egypte, des temples et des palais presque encore entiers, où ces colonnes et ces statues sont innombrables; on y admire surtout un palais dont les restes semblent n'avoir subsisté que pour effacer la gloire de tous les plus grands ouvrages,

Quatre allées à perte de vue et bornées, de part et d'autre, par des Sphinx, servent d'avenue à quatre portiques dont la hauteur étonne les yeux. Encore ceux qui nous ont décrit ce prodigieux édifice, n'ont-ils pas eu le temps d'en faire le tour. Une salle était soutenue de six vingt colonnes de six brassées de grosseur, grandes à proportions... Les couleurs même, c'est-à-dire ce qui éprouve le plus tôt le pouvoir du temps, se soutiennent encore parmi les ruines de cet admirable édifice, et y conservent leur vivacité, tant l'Egypte savait imprimer le caractère d'immortalité à tous ses ouvrages (1). Ils n'ont cherché le nouveau et le surprenant que dans la variété infinie de la nature...

« Au reste, continue le grand Ecrivain, ce n'était pas sur les choses inanimées que l'Egypte travaillait le plus; ses plus nobles

---

(1) « Maintenant, ajoutait *Bossuet*, que le nom du roi pénètre aux parties du monde les plus inconnues, et que ce prince étend aussi loin les recherches qu'il fait faire des plus beaux ouvrages de la nature et de l'art, *ne serait-ce pas un digne objet de cette noble curiosité, de découvrir les beautés que la Thébaïde renferme dans ses déserts, et d'enrichir notre architecture des inventions de l'Egypte.* »

travaux et son plus bel art consistait à faire des hommes. La Grèce en était si persuadée que ses plus grands hommes, un *Homère*, un *Pythagore*, un *Platon*, *Lycurgue* même et *Solon*, ces deux grands législateurs, et les autres qu'il n'est pas besoin de nommer, allèrent apprendre la sagesse en Egypte. Dieu, ajoute l'évêque de Meaux, a voulu que *Moïse* même fût *instruit dans toute la sagesse des Egyptiens; c'est par là qu'il a commencé à être *puissant en paroles et en œuvres.*

« Ces sages d'Egypte avaient étudié le régime qui fait les esprits solides, les corps robustes, les femmes fécondes, les enfants vigoureux. Il y a un art de façonner les corps aussi bien que les esprits. Cet art, que notre nonchalance nous a fait perdre, était bien connu des anciens, et l'Egypte l'avait trouvé. Les villes les plus célèbres de la Grèce venaient apprendre, en Egypte, leurs antiquités, et la source de leurs plus belles institutions. On la consultait, de tous côtés, sur les règles de la sagesse... L'Egypte régnait par ses conseils, et cet empire de l'esprit lui parut plus glorieux que celui qu'on établit

par les armes... Mais les choses humaines
ne sont pas parfaites, et il est malaisé d'avoir
ensemble, dans la perfection, les arts de la
paix et les avantages de la guerre. Toutefois
l'Egypte tirait cette utilité de l'excellente
constitution de son état, que les étrangers
qui la conquéraient, entraient dans ses
mœurs plutôt que d'y introduire les leurs :
ainsi, changeant de maîtres, elle ne chan-
geait pas de gouvernement... »

Ce tableau rend l'impression éprouvée par
les Grecs et les Romains qui visitèrent
l'Egypte. Le souvenir de cette civilisation
si avancée est parvenu jusqu'à nous. La
preuve subsiste du reste dans les monuments
impérissables laissés sur le sol. Mais que de
questions intéressantes à poser à ces témoins
d'un autre âge, s'ils n'étaient muets, ou
plutôt si nous savions entendre leur langage !

Quelle foi ajouter aux récits des historiens
grecs sur les dynasties de Thèbes et de
Memphis, et à leur chronologie? Quelles
étaient les connaissances astronomiques de
l'Egypte? Quelles doctrines phylosophiques
et religieuses Platon et Pythagore venaient-

ils étudier dans ses temples ? Quelle fut leur influence sur la métaphysique de l'école platonicienne ? Quelles analogies présentent-elles avec le monothéïsme des Hébreux ? Que signifient ces idoles à tête de lion, de bélier, d'épervier, de chacal ; ces ibis, ces taureaux, ces sphinx ? ne serait-ce là que de mystiques métaphores ? Quel lieu existe-t-il entre les divinités égyptiennes et le polythéïsme de Rome et de la Grèce ?

De l'expression directe des croyances, passez à leur expression emblématique, visible, sensible ; aux représentations vivantes du culte, aux costumes, aux cérémonies, aux marches, aux chants, à la décoration intérieure et extérieure des temples, à l'architecture, à la sculpture, à la peinture : les mêmes questions ne s'offrent-elles pas ? Ici encore la Grèce et la Judée ne doivent-elles rien à l'Egypte ? La colonne dorique n'est-elle pas originaire du pays des palmiers ? Les peuples dont nous avons reçu l'héritage, n'empruntèrent-ils rien, non plus, de ces procédés industriels, mécaniques ou chimiques, que l'Egypte avait portés si loin ?

L'Egypte, en rayonnant vers les contrées environnantes, ne leur a-t-elle pas transmis (avec la *politesse* et les *lois*, comme dit *Bossuet*) ses notions astronomiques, fruit d'une expérience séculaire, si intimement liées à ses formes religieuses et à ses usages personnels? Enfin l'Egypte n'a-t-elle pas communiqué aux autres peuples l'invention la plus féconde, l'invention de l'écriture? N'était-elle pas regardée, de temps immémorial, comme ayant franchi, la première, l'abîme qui sépare la représentation directe des objets, de la représentation visible des paroles? Ne passait-elle pas pour avoir donné l'exemple d'une écriture alphabétique? Ce petit nombre de signes à l'aide desquels les Hébreux, les Grecs, les Latins et les nations modernes, ont peint, à l'œil, les articulations et les sons, ne portent-ils pas, dans leur forme même, la preuve de leur origine égyptienne?

De tous les problèmes légués, par l'Egypte, à la postérité, le plus important, — en ce sens que, résolu, il pouvait, à lui seul, donner le mot de tous les autres, — c'était celui de son écriture et de sa langue.

C'est celui dont nous allons nous occuper.

Combien, pour ne parler d'abord que des caractères inscrits sur les monuments, — des hiéroglyphes (1), — combien d'opinions diverses ont surgi, durant dix à douze siècles, à la vue de ces signes étranges! Le moyen âge, prit ces figures inexplicables pour un jeu diabolique, et parfois leur alluma une puissance magique et inconnue, que mit sérieusement à l'épreuve plus d'une imagination crédule.

Sixte-Quint, le premier entrè les princes catholiques, les mit au grand jour, en relevant des monuments couchés depuis des siècles dans la poussière. En 1585, c'est un obélisque Egyptien de 78 pieds de haut enlevé d'Héliopolis, au temps de Caligula, qu'il fit dresser, par *Fontana*, devant la nouvelle métropole de Rome, devant l'église de Saint-Pierre; il surmonta d'une croix l'œuvre des Pharaons et inscrivit sur le piédestal la victoire du Christ sur le *Paganisme* de l'Italie et de l'Egypte. Cet obélisque est

_____

(1) Nom formé des mots grecs *téro*, sacré, et *glyphe*, sculpture.

entièrement nu ; mais en 1588, Rome en vit
relever un, par le même Pape, de 99 pieds
de haut, couvert sur ses quatre faces de
figures hiéroglyphiques, en triple colonne.
Enlevé de Thèbes par Constantin, transporté
à Rome sous le règne de Constance, il gisait
à quinze pieds sous terre, dans l'emplace-
ment du grand cirque ; c'est l'obélisque de
saint Jean-de-Latran, le plus grand des obélisques connus. En 1589, un obélisque (de 73
pieds de haut) enfoui au même lieu (enlevé
jadis par Auguste à la ville d'Héliopolis),
chargé de figures, en triple colonne, sur ses
quatre faces, fut relevé par ordre du même
pape : c'est celui qui se voit sur la place
Vlaminienne de la porte du Peuple (1).

(1) Un autre grand obélisque de Rome (haut de plus de
61 pieds, mais dont une seule face a ses figures bien distinctes) fut élevé par Pie VI ; c'est celui qu'Auguste avait
fait venir d'Héliopolis et dresser au Champ-de-Mars,
comme gnomon (de là son nom de *Campensis*). A cette
liste, il faudrait ajouter l'obélisque Pamphili, relevé en
1651 ; les deux petits obélisques nus du tombeau d'Auguste ; l'obélisque sallustien, à triple colonne de figures ;
l'obélisque Barberini, à double colonne de figures ; deux
petits obélisques provenant d'un temple d'Isis, à Rome,
tous deux à colonne simple d'hiéroglyphes, sur chaque
face ; l'un relevé en 1667, l'autre (dit de Saint-Mahut) trans-

Le règne de Sixte-Quint fait époque dans l'histoire des écritures égyptiennes. Le remuement de ces masses énormes de granit, si longtemps enfouies ou négligées, l'emploi, à leur service, d'un si grand concours d'hommes et de machines, les difficultés et le succès de l'entreprise, tout annonçait l'importance de ces monuments antiques. On se rappelait ce que les Empereurs avaient déjà fait pour eux. Au reste, dans leur majestueuse simplicité, ces gigantesques témoins d'un autre âge parlaient assez pour frapper les imaginations et piquer la curiosité.

Sous cette impression, confirmée par les rapports des Missionnaires qui avaient vu, sur le sol de l'Egypte, d'autres restes plus étonnants encore de ses belles années, les conjectures sur la destination des obélisques et sur le sens de leurs inscriptions, loin d'être injurieuses pour les auteurs de ces

porté, en 1711, sur la place du Panthéon; le petit obélisque de la villa Mattel, en deux fragments, dont un porte (en une colonne simple, sur chaque face) des figures hiéroglyphes; un fragment d'obélisque de la collection Borgienne, aujourd'hui au Musée de Naples; le petit obélisque de Bénévent; deux petits obélisques de Florence.

L'OBÉLISQUE

grands ouvrages, supposaient plutôt chez
eux une science supérieure. Les signes mys-
térieux, transcrits et gravés, devenaient le
texte de discussions savantes; l'étude des
inscriptions, exposées dans Rome à tous les
regards, conduisait à la recherche d'inscriptions analogues; l'examen des monuments
Egyptiens de l'Italie conduisait à l'examen
de ceux de l'Egypte même. L'archéologie,
jusque-là confinée dans les débris romains et
grecs, comptait une nouvelle branche.

C'est le lieu de dire un mot de l'unique
instrument dont se servirent les premiers et
nombreux essais d'explication.

Entre les livres grecs que la Renaissance
des lettres mettait aux mains des érudits, il
en était un (les *Hiéroglyphiques d'Horapollon*)
qui, traduit, à ce qu'il semble (pour la plus
grande partie du moins), sur l'un des traités
élémentaires de l'ancienne Egypte, contient
une sorte de dictionnaire des figures même
que portent les obélisques, avec leur interprétation. On y apprend que ces figures cor-
respondent à un objet, à une action, à une
qualité; qu'elles avaient, outre leur sens

direct, un sens métaphorique, et, de plus, un
sens de pure convention, totalement énigma-
tique pour nous, bien que lié à des observations réelles, ou bien à des impressions, à
des suppositions, particulières au pays. C'est
ainsi que, sans interprète, nous n'eussions
pas deviné qu'une figure de vautour, repré-
sentait en Egypte les idées de maternité;
que des plumes d'autruche y désignaient
l'égalité, la justice; un scarabée (sorte de
hanneton), l'univers ou l'être suprême; un
lion accroupi, la vigilance; une abeille, le
roi.

, Ce recueil d'emblèmes n'était-il pas la clef
des hiéroglyphes? — On put le penser, un
instant, sauf à reconnaître bientôt l'erreur.
Le recueil était au moins incomplet. Il ne
mentionne pas, à beaucoup près, toutes les
figures que présentent les obélisques, et
pour celles même qu'il cite, la signification
qu'il donne ne conduisait qu'à des phrases
sans suite.

Un érudit, le père *Kircher*, reconnut ces
difficultés, et ne craignit point de passer
outre. Le dictionnaire hiéroglyphique d'Ho-

rapollon ne s'étendait pas à toutes les figures
observées : il entreprit sérieusement de le
compléter. Grâce à ce complément, emprunté
aux divers exemples cités par les écrivains
anciens et à l'imagination de l'auteur, les
inscriptions égyptiennes n'eurent plus pour
lui de voile; il les lut à livre ouvert. Ce qu'il
y vit, mariant les combinaisons des Arabes
et de la cabale aux subtilités platoniciennes,
je n'essaierai pas de le redire ; les trois volu-
mes in-folio de son *Œdipe égyptien*, ses *Obélisques Pamphili* et *Chigi*, son *Sphinx*, à côté
des marques de l'érudition la moins scrupu-
leuse, portent, en maint endroit, les traces
d'une sagacité habituée à s'exercer sur les
problèmes les plus ardus de la physique. —
Je ne vous citerai pas d'autres noms que
celui de Kircher, non qu'il ait marché seul
dans cette voie, mais parce qu'il s'y avança
le plus loin et s'égara, si l'on peut dire, avec
le plus de fracas : utile par le retentissement
même de ses chutes.

On s'en prit de ses erreurs à l'instrument
qui lui devait livrer tous les secrets de
l'Egypte. Le livre d'Horapollon, si fort en

faveur au XVI° siècle, fut puni, au XVII°, de
l'impéritie de ceux qui l'employaient. Il
n'avait pas donné ce qu'on attendait de lui
(ce que, par parenthèse, il ne promettait
pas) : ce fut assez pour le rejeter. A mesure
que l'antiquité fut mieux connue et compta
des interprètes plus ingénieux et plus sûrs,
Horapollon fut jugé plus sévèrement. A la
fin du dernier siècle, *Wolf* le traitait d'écri-
vain ignorant du V° ou VI° siècle; plus
récemment *Wyttenbach* en faisait un compi-
lateur inepte du Bas-Empire. « Jamais, écrit
M. *Lenormant*, la défaveur d'Horapollon ne
fut plus marquée qu'au moment même où
son utilité allait éclater à tous les yeux. »

Kircher avait lu, sur les obélisques de
Rome, les doctrines physiques et morales les
plus subtiles. Il avait adopté l'opinion vul-
gaire, qui faisait de ces écritures inconnues
le secret des prêtres, et affirmait que chaque
mot y était caché sous un emblème ou plutôt
sous une énigme. Un démenti formel à ces
assertions se trouvait cependant dans l'un
des auteurs latins qu'il avait sous la main,
dans *Ammien Marcellin*. Ammien, au livre

XVII de son Histoire, après avoir raconté la mémorable translation de l'obélisque gigantesque de Constance et son érection dans le grand cirque de Rome, joint à ce récit la traduction en grec, « d'après le livre d'*Hermapion* », de quelques-unes des inscriptions hiéroglyphiques « *de l'ancien obélisque que nous voyons dans le cirque* », dit-il. Selon les uns, ce passage s'appliquait à l'obélisque d'Auguste (aujourd'hui sur la place Flaminienne); selon d'autres, à l'obélisque de Constance, tous deux érigés autrefois dans le grand cirque. Quant aux inscriptions, elles auraient été purement historiques, enveloppant dans un formulaire religieux les noms et prénoms d'un roi, et donnant, par ces indices, la date des sculptures et de l'obélisque lui-même. Vous en jugerez d'après la première et la dernière des trois inscriptions de l'une des faces :

Première ligne, à partir du midi. « Voici ce que dit le soleil au roi Ramestès : nous t'avons donné toute la terre, avec la grâce de régner. Le roi Ramestès; aimé du soleil et d'Apollon; puissant ami de la vérité; fils de

Héron; né de Dieu; consolidateur de la terre; choisi par le soleil; vaillant par Mars; Ramestès; à qui la terre est soumise par force et hardiesse; le roi Ramestès; vivant à jamais.

. . . .

Ligne troisième. « Apollon puissant; enfant éblouissant du soleil; choisi par le soleil; doté par Mars vaillant; dont les biens subsistent en tout temps; chéri d'Ammon; qui a comblé de biens le temple de Phénix; à qui les dieux ont donné le temps de la vie. »

Kircher n'eut garde de prendre au sérieux une interprétation qui détruisait tout l'édifice de ses rêves; mais d'autres érudits crurent y reconnaître le caractère de l'Egypte. Ce qu'il y a de plus surprenant, c'est de voir quelques-uns de ceux-ci (parmi les plus doctes même, et jusqu'au seuil de ce siècle) admettre, à quelques pléonasmes près, l'authenticité et la justesse de cette interprétation, et persister néanmoins à ne voir, dans les figures hiéroglyphiques, que des signes représentateurs d'idées, c'est-à-dire employés exclusivement de la manière que le livre d'Horapollon l'enseigne. Le seul contraste de la longueur des colonnes hiéroglyphiques et de la brièveté de la traduction grecque (que l'on en fît application au fût de 99 pieds ou bien à celui de 73) contenait pourtant, ce semble, une leçon assez claire. Dans l'idée que l'on se faisait de l'usage des hiéroglyphes, il aurait dû se trouver beaucoup moins de signes dans l'inscription égyptienne que dans l'inscription grecque, chaque signe égyptien correspondant à un ou plusieurs mots grecs (1).

Les études auxquelles les figures hiéroglyphiques donnaient lieu, présentaient lo rare exemple de tentatives faites pour lire les écritures d'un peuple, bien que l'on fût dans une ignorance complète sur la langue parlée par ce peuple.

Cette ignorance n'était pas un obstacle, dans l'idée que l'on se faisait de l'usage de

---

(1) *Zoëga* dans son grand travail sur les obélisques, où se trouvent résumées ses études sur l'Egypte, remarque lui-même que cette traduction d'Hermapion, dont il reconnaît l'authenticité, est si courte que le nombre total des lettres y surpasse à peine le nombre des signes qui se voient sur une seule face de l'obélisque auquel il la croit applicable.

ces figures. Il n'était pas nécessaire, par
exemple, de savoir quel mot prononçaient
les Egyptiens à la vue d'un croissant; en
prononçant un mot tout autre, celui de *lune*,
par exemple, on était sûr de lire comme eux.
C'est ainsi que deux ronds, l'un au-dessus
de l'autre, 8, sont également compris par le
Français qui prononce *huit*, par l'Italien qui
dit *otto*, par l'Anglais qui dit *eight* (il en est
de même du projet de langue ou plutôt d'é-
criture universelle et chiffrée, proposé par
Kircher, en 1663). D'après cela, eût-on pos-
sédé la langue des anciens Egyptiens, l'on
n'en eût pas été plus avancé pour l'intelli-
gence des hiéroglyphes.

Cela vous explique comment la première
publication, relative à l'ancienne langue des
Egyptiens, a pu être faite par un homme
qui s'était tant occupé de figures hiéroglyphiques, — par *Kircher* lui-même (en 1643),
— sans que l'étude des hiéroglyphes s'en
soit ressentie le moins du monde. D'une
part, des sons; de l'autre, des signes d'i-
dées : deux ordres d'étude distincts et rangés, en quelque sorte sur des lignes paral-

lèles, sans qu'il en pût résulter de choc ni le lumière.

Kircher, sans savoir quel précieux instrument il tenait dans cet idiome jusqu'alors négligé dont il publiait la grammaire et le dictionnaire, ne craignit pas de lui donner, de prime abord, son véritable nom. Sous le nom de *langue égyptienne*, il s'agissait de la langue copte de la langue employée jusqu'à la fin du XVIe siècle, dans les cérémonies religieuses des chrétiens de l'Egypte, et dans laquelle on venait de faire connaître divers écrits anciens, tels que traduction de l'ancien et du nouveau Testament, vies des Saints, Rituels ecclésiastiques, en un mot, toute une bibliothèque chrétienne remontant aux premiers siècles de notre ère. Les caractères de ces manuscrits sont les caractères grecs, du moins *à six lettres près*, étrangères au grec. A quelle écriture étaient empruntées ces six lettres ? — Je ne sache pas que *Kircher* se soit posé cette question, et cependant fallait-il plus de hardiesse pour y répondre, que pour voir, dans ces écrits ecclésiastiques, l'ancienne langue des Pharaons ?

L'étude du copte, sans lien apparent avec la question des hiéroglyphes, fut d'abord propagée dans le seul intérêt des études bibliques. *Saumaise*, le premier, montra de quel usage il pouvait être en dehors de ce cercle, expliquant, par des mots coptes, nombre de mots égyptiens cités par les auteurs grecs et latins. Plus tard, l'interprétation des noms de divinités égyptiennes, conservés par les auteurs grecs ou latins (et trop souvent altérés d'après les ressemblances qu'ils offraient avec des mots de la langue grecque), fut demandée au copte.

Vous pressentez aisément de quelle importance serait cette langue copte, si l'on en venait, un jour ou l'autre, à reconnaître dans l'écriture de l'ancienne Egypte des signes de son; vous pressentez de quel prix seraient alors et le mince bagage copto-arabe rapporté par *Pietro della Valle*, publié par *Kircher*, et les manuscrits acquis du voyageur *Vansleb*, au nom de Louis XIV, et ceux qui, dus à des recherches ultérieures, viendraient contribuer à l'extension du vocabulaire copte.

L'abbé *Renaudot* et *Jablonsky* avaient soutenu l'identité du copte et de l'ancien Egyptien; M. *Etienne Quatremère*, en 1808, la mit hors de doute (1). Remontant d'un siècle à l'autre, depuis la conquête de l'Egypte par les Arabes, à travers les administrations chrétienne, romaine, grecque, persane, et trouvant toujours des témoignages de l'existence, sur le sol égyptien, d'une langue distincte de la langue des conquérants, il en conclut que la langue de l'Egypte au temps d'*Omar*, était celle qu'avait dû trouver *Alexandre*.

L'examen de cette langue elle-même montre, du premier abord, une langue mère. Ses mots, et particules sont tirés de radicaux qui lui sont propres et qui tous, sans exception, sont monosyllabiques, nés la plupart d'une analogie de son. La formation des composés,

(1) Dans ses *Recherches sur la langue et la littérature de l'Egypte.* En 1808, cette démonstration (applicable, pensait-on, à l'une des formes des écritures égyptiennes) ne concluait rien pour les hiéroglyphes.

On distingue, dans les manuscrits coptes, trois dialectes. I. Le memphitique, le plus régulier, le moins mélangé de grec. II. Le thébaïque, moins régulier, moins pur. III. Le bachmourique (de Bashmour, province du Delta), plus rude, plus éloigné du memphitique.

y a lieu d'après des règles naturelles et cons-
tantes; les verbes sont tous tirés du même
fond que les noms ou plutôt ils ne sont,
comme les adjectifs (avec lesquels ils so
confondent par la suppression du verbe *être*),
que les noms eux-mêmes d'état ou d'action.
Cette langue (à quelques mots grecs près,
faciles à distinguer) n'offre aucun mélange
de langue étrangère. On peut supposer que
les manuscrits que l'on possède ne donnent
pas tous les mots employés au temps de leur
rédaction; mais on ne peut douter que les
mots qu'ils donnent n'appartiennent à l'antique égyptien, tant la constitution spontanée
et logique de cette langue, la distingue des
langues dérivées.

Retournons sur nos pas, et tâchons de voir
quel était, pour les écritures égyptiennes,
l'état de la question, avant le siècle actuel.
Dès le dix-septième, les cabinets des curieux
et plusieurs galeries publiques s'étaient ou-
verts aux objets exhumés par les fouilles
égyptiennes, tels que statues, sarcophages,
cercueils, corps embaumés, figurines symboliques. Plus tard à ces objets, tous chargés

d'écriture, avaient été joints des fragments
de papyrus, des lambeaux de toile, couverts
de linéamens cursifs, différents des signes
hiéroglyphiques, et dans lesquels la similitude d'aspect semblait inviter à voir une
écriture analogue aux nôtres, une écriture
alphabétique. On en conclut qu'il y avait, en
Egypte, deux écritures distinctes, l'une représentative d'idées (l'hiéroglyphique), la seule
que présentent les monuments ; l'autre, d'un
usage usuel, représentative de sons et d'articulations.

Hérodote nous dit (en son livre 2) que les
Egyptiens se servaient de deux sortes d'écriture, appelant l'une *sacrée*, et l'autre *commune* (démotique) ; l'une et l'autre, se lisant
de droite à gauche. La même distinction se
retrouve dans le livre premier de *Diodore* (1).

Le passage le plus explicite qui nous soit
parvenu à ce sujet, se trouve dans un recueil
d'un philosophe chrétien de la fin du ii° siècle,

(1) Dans le livre ii: de *Diodore* les figures hiéroglyphiques sont appelées les lettres éthiopiennes ou sacrées ; et,
en même temps, il est dit que chez les Egyptiens, l'art
d'écrire ne procède pas par la composition des syllabes,
mais par signes représentatifs d'idées.

Clément d'Alexandrie. Le voici ; « Les
» Egyptiens, dans leur éducation, apprennent
» d'abord la forme des lettres (ou d'écriture)
» appelée épistolographique. Ils apprennent
» ensuite la forme iératique (ou cléricale)
» dont font usage les scribes sacrés. La der-
» nière qu'ils apprennent et la plus parfaite,
» est la forme hiéroglyphique (celle des
» sculptures sacrées).

» Cette écriture (l'hiéroglyphique) s'em-
» ploie en procédant directement au moyen
» des premiers élémens, dite alors kyriolo-
» gique; et elle s'emploie symboliquement
» (ou emblématiquement, dite alors symbo-
» lique). »

« L'écriture hiéroglyphique employée
» symboliquement, procède soit par imita-
» tion; soit, pour ainsi dire, d'une manière
» tropique (figurée ou métaphorique); soit
» enfin, allégoriquement, au moyen de cer-
» taines énigmes. »

« Voulant écrire *le soleil*, ils font un cer-
» cle; *la lune*, une figure en croissant, d'a-
» près la forme de ces astres (Symbolique
» imitative). — Tropiquement, ils rappro-

» chent les objets éloignés, et les accouplent
» selon la convenance, ou les transposent et
» souvent les défigurent. Ainsi ils expriment
» les louanges des rois par des formes em-
» pruntées aux dieux. — Voici un exemple
» des formes de la troisième espèce qui pro-
» cèdent par énigmes, ils figurent les astres
» par des corps de serpents... et le soleil par
» un scarabée.. » Clément d'Alexandrie en
donne la raison.

On ferait un gros volume des discussions
auxquelles a donné lieu ce passage. L'épistolographique fut généralement considérée
comme l'écriture démotique d'Hérodote. On
ne vit dans l'hiératique qu'une épistolographique plus soignée. Quant à l'hiéroglyphique, on continua d'y voir, d'après l'avis
à-peu-près unanime de l'antiquité, des caractères purement idéologiques (1).

(1) On lit dans Plutarque qu'Hermès ayant inventé, le
premier, les lettres en Égypte, les Égyptiens tracent un
ibis pour la première des lettres, « attribuant, ajoute
l'auteur, avec assez peu de justesse, la préséance, entre
les lettres, à un oiseau muet. » Mais le même Plutarque
dit ailleurs que 25 est le nombre des lettres égyptiennes,
et l'on sait combien le nombre des figures hiéroglyphiques

Comment supposer cependant que Platon
eût attribué aux Egyptiens l'invention de
l'alphabet, s'il ne se trouvait dans leur écriture, aucun signe de son. Dans ce cas, le
disciple des prêtres d'Héliopolis eût-il pu
écrire et le passage du Philèbe qui raconte
la décomposition des mots en leurs sons et
articulations (en leurs éléments) par Thoth;
et celui du Phèdre où l'Inventeur de l'alphabet, qui l'offre au roi d'Egypte, recueille, au
lieu de compliments, de tristes prévisions
que la suite n'a que trop justifiées. — Cette
écriture alphabétique dont il n'était pas possible de nier l'existence, on la vit, d'un commun accord, dans l'écriture courante des

dépasse ce chiffre. Dans un passage de *Clément d'Alexan-*
drie, quatre images symboliques, en or, promenées dans
les banquets des dieux (deux chiens, un épervier, un
ibis), sont appelées *quatre lettres.* On peut citer beaucoup
de passages où les hiéroglyphes sont appelés les *lettres*
égyptiennes. Tel est cet endroit de Pline sur les obélisques : « De ce granit de Syène, les rois, par une sorte de
rivalité, firent faire de longues poutres, les appelant obélisques, consacrés au soleil; *leur forme en représente les*
rayons; et c'est ce que veut dire le mot égyptien. L'intention qui les a fait élever, y est inscrite, et ces images, que
nous y voyons, sont les lettres des Egyptiens.

papyrus et de quelques pierres ; l'écriture démotique ou épistolographique.

Vainement quelques érudits opposaient à ces opinions dominantes des conjectures isolées ; ainsi *Gibert*, écrivait, en 1765, les lignes suivantes : « Quelques critiques sont choqués de trouver, dans Clément d'Alexandrie, une écriture hiéroglyphique alphabétique, comme s'il était contraire à l'essence des hiéroglyphes de former un alphabet... Je me tiens à ce sens, qui me paraît juste. Ce qui caractérise les hiéroglyphes, ce n'est pas la nature de la chose à laquelle on les applique, mais leur propre nature qui est d'être des figures gravées ou sculptées, en sorte que ces figures sont toujours des hiéroglyphes, soit qu'on en fasse un alphabet et qu'elles tiennent lieu des lettres dont on compose les mots, soit qu'on les emploie en symboles et qu'elles représentent des idées. »

De Guignes avait dit précédemment, au sujet des trois sortes d'hiéroglyphes distinguées par Clément : « Je pense qu'ils ne constituaient pas trois genres d'écriture différents, mais qu'ils formaient, chez les Égyptiens, le corps entier de l'écriture, et qu'il fallait employer tout à-la-fois les trois espèces de lettres. » Il pensait « qu'il se trouve, entre les hiéroglyphes égyptiens, quelques caractères alphabétiques (1). » La même opinion avait été émise par le président *De Brosses* dans son *Mécanisme du langage;* on y voit l'écriture alphabétique indiquée comme faisant partie du système triple d'écriture.

De Brosses pensait que les figures symboliques avaient donné passage aux figures-lettres; que les caractères-images ont été le type des lettres primitives. *De Guignes* adopta la même idée. *Zoéga* crut en trouver une preuve dans un passage d'Horapollon, jusque-là négligé. « L'épervier, y lit-on, se prend aussi pour *âme,* d'après l'interprétation du nom de l'oiseau. Car l'épervier se nomme, chez les Egyptiens, baïeth; or, ce nom signifie, *bai,* âme, et *éth,* cœur. Le

(1) « On le peut nier, écrit *Zoéga,* jusqu'à ce que les monuments en fournissent la preuve. » — *De Guignes,* adoptant l'hypothèse de *Kircher,* qui fait des Chinois une colonie égyptienne, demandait à l'écriture chinoise ce qu'il faut penser des hiéroglyphes.

cœur, chez les Egyptiens, étant regardé
comme l'enveloppe de l'âme, la réunion des
deux mo*s signifie *l'âme dans le cœur*. »
Voilà donc la figure d'un oiseau, en vertu
d'une ressemblance de son, d'une *homonymie*,
affectée à l'expression d'un objet d'un autre
ordre (1).

D'après cela, *Zoéga* conjectura que les
Egyptiens avaient pu, pour rendre le son *bai*
(première syllabe du nom de l'épervier), ne
tracer que la tête de cet oiseau, et exprimer
eth par ses pieds : conduits ainsi à l'idée de
transformer les signes d'objets en signes de
voyelles ou d'articulation, et de recomposer
ensuite, avec ces (signes bien moins nombreux que les signes idéologiques), des syllabes et des mots. « Qu'il y ait, écrit Zoéga,
dans les figures énigmatiques, des signes
de son, des signes phonétiques (2), j'en trouve
la preuve dans le passage d'Horapollon. *Mais
que des éléments alphabétiques, nés de la*

(1) C'est, comme vous le savez, par homonymie, que
procèdent les *rébus*, où ces deux mots, par exemple, *mon
eau*, peuvent être représentés par la figure d'un *mont* et
par celle d'un *os*.

(2) Du mot grec *phoné*, voix.

décomposition de ces signes syllabiques, aient jamais été introduits dans les inscriptions hiéroglyphiques, je ne trouve aucun document à l'appui de cette conjecture. » — Le mélange d'énigmes phonétiques et d'énigmes emblématiques, le fait désespérer de l'interprétation des hiéroglyphes. *En attendant le jour,* il se borne à un travail de classification et de description. Ne pouvant se faire interprète, il s'en tient au rôle d'observateur.

En résumé, Zoéga ne saurait dire à quelle époque les caractères hiéroglyphiques ont cessé d'être compris et tracés. Toutefois, il constate que, sous les Ptolémées, l'écriture hiéroglyphique continua d'être employée sur les monuments consacrés aux dieux de l'Egypte et sur les cercueils égyptiens ; que, sous les Romains, elle continua d'être en usage, sur pierre, dans les ornements funéraires, dans les livres mystiques ; qu'une certaine connaissance des hiéroglyphes survécut jusqu'à la conquête de l'Egypte par les Arabes. Il cite, d'après les monnaies alexandrines, des temples et des obélisques égyptiens élevés sous les Ptolémées : une

inscription grecque, rapportée par les voyageurs, et annonçant la dédicace d'un temple
à une divinité égyptienne, par Ptolémée et
Cléopâtre; un fragment en basalte vert, du
Musée britannique, chargé d'hiéroglyphes
et de mots grecs illisibles.

Ces dernières indications étaient d'un
grand prix; elles conduisaient à demander
aux antiquités grecques et romaines de
l'Egypte, le secret que les antiquités purement égyptiennes refusaient de livrer; à
demander aux inscriptions grecques, jusque-
là négligées, ce que les hiéroglyphes tous
seuls ne pouvaient dire. Et dans cette voie,
comme le dit celui de nos compatriotes qui,
vingt ans après la publication de Zoéga,
devait y entrer le premier (1) — dans cette
voie, l'étude du grec suffisait; il n'y avait
besoin ni d'un instrument nouveau ni de
suppositions hasardeuses. Malheureusement
l'avis de *Kircher*, adopté hautement par
Winkelman, prévalut : à savoir, que les
Egyptiens, après la conquête de Cambyse,

(1) M. Letronne.

avaient tout-à-coup cessé de faire usage des
hiéroglyphes. « A ce signe, disait Winkelman, se reconnaissent les statues d'une date
postérieure à la conquête persane. » Vainement Zoéga alléguait l'extension de l'égyp-
tianisme sous les successeurs d'Auguste;
Titus, Adrien, Caracalla, se prêtant aux usages égyptiens, et nombre de pierres sculptées
à l'égyptienne, sous les empereurs, en
dehors même de l'Egypte.

Le grand ouvrage du savant danois parut,
à Rome, en 1797, précédant de bien peu
l'expédition militaire et scientifique qui
devait, au nom d'une puissance nouvelle,
accomplir le vœu de *Bossuet*. Mais comment
rappeler, en quelques lignes, cette résolution
inattendue qui donna subitement à l'Egypte
l'Europe entière pour spectatrice; ces quarante mille Français partis pour soustraire
l'Egypte à une domination abrutissante et
réhabiliter à jamais les anciens bienfaiteurs
de cette terre. Ces hommes-ci avaient fait et
vu de grandes choses. Ils comptaient, parmi
eux, des noms égaux, par le génie, la bien-
faisance, la sagacité, la hardiesse, la pa-

tience, à ceux que citent les nations les plus
vantées : *Bonaparte. Desaix, Kléber, Fourier,
Larrey, Conté, Geoffroy-Saint-Hilaire, Ber-
thollet, Monge...* Les restes de l'antique
Egypte les étonnèrent; ces constructions
imposantes, si pleines de grandeur et de
grâce, si fraîches de jeunesse, ils n'y purent
résister. A la vue des Pyramides, digne
piédestal de quarante siècles, l'armée laissa
échapper le cri d'admiration; et quand, savants et guerriers, parvinrent aux ruines de
Thèbes, il leur sembla parcourir les habita-
tions d'une race supérieure. Partout, au
milieu de ces merveilles si souvent dépein-
tes, l'objet passait l'attente.

Cette fois, Aristote accompagnait Alexandre. La patrie originaire de la science antique voyait toutes les sciences modernes,
libres de préventions injustes, accourir vers
elle parmi ses libérateurs. L'immense série
de tableaux qui recouvrent, au dehors et
au dedans, les murailles des palais et des
temples, les colonnes, les voûtes et jusqu'aux
parois des excavations souterraines, ces
tableaux où sont déroulées; dans tous leurs

détails et sur la plus large échelle, les connaissances les plus hautes et les plus usuelles, les observations astronomiques les plus délicates, et les opérations journalières du ménage, allaient enfin être vus à-la-fois par l'œil du chimiste, du physicien, du naturaliste, de l'astronome, de l'architecte, de l'ingénieur. Tous ces trésors allaient être, au milieu même des hasards de la guerre, explorés, mesurés, dessinés, décrits.

Jamais sans doute, l'obstacle des hiéroglyphes ne fut plus vivement senti. Partout, du colosse de soixante pieds à la plus petite figurine, et jusque sous la semelle des sandales, se retrouvait cette écriture impénétrable. Singulière destinée d'avoir fait livre de toute chose, et de l'avoir fait en vain !

L'Egypte et la France, placées, si je puis dire, aux extrémités de la civilisation, et destinées à atteindre le même but par des chemins si divers, faute de truchement, ne pouvaient s'entendre. Le truchement, que pouvait-ce être sinon la langue de l'un des conquérants de l'Egypte, la langue persane, la

grecque, la latine, l'arabique : une inscription hiéroglyphique, je suppose, avec sa traduction dans l'une de ces langues. Dans
l'idée où l'on était que l'écriture égyptienne
(l'hiéroglyphique, du moins) avait cessé dès
la conquête persane, on ne comptait pas sur
un tel secours. Comme Zoéga, *l'on attendait
le jour*, tout en recueillant, par le dessin, le
plus possible de ces écritures inconnues.

Nous touchons enfin au grand événement
archéologique intimement lié à l'immortelle
expédition d'Egypte (1).

En août 1799, des fouilles étaient faites, à
quelque distance de Rosette, autour de l'ancien fort; nos soldats (dirigés, en cette occasion, par M. *Bouchard*, officier du génie)
rencontrèrent, à quatre pieds au-dessous du
sol, dans ces couches limoneuses où chaque
coup de pioche court le risque de commettre
un sacrilége, une pierre dure de 3 à 4 pieds

(1) Ce n'est pas une note qui peut donner une idée du
grand ouvrage de la Commission d'Egypte, fruit d'un
concours de connaissances dont il n'y avait pas d'exemple : la première publication qui ait révélé le caractère
de cette antique nation, et montré l'inépuisable richesse
de documents que ce pays garde encore, après tant de
fortunes diverses.

de long. Cette pierre offrit bientôt une table
de granit noir, poli, couverte, sur un côté,
de trois sortes d'écriture. La partie supérieure présentait une écriture hiéroglyphique semblable à celle des obélisques; la partie inférieure, de l'écriture grecque; la partie
intermédiaire, une écriture analogue à celle
qui, dans plusieurs fragments de papyrus,
était considérée comme écriture commune
ou démotique.

L'inscription grecque, composée de 54
lignes (facile à lire malgré quelques mutila-
tions à l'extrémité d'un grand nombre des
lignes du haut et une cassure plus étendue
vers le bas) contient un décret panégyrique,
une sorte de *mandement* élogieux, des prêtres de Memphis, en l'honneur d'un Ptolémée,
à l'occasion de son sacre. Les deux dernières
lignes, moyennant la restitution de quelques
lettres, ordonnent « que ce décret soit gravé
sur une stèle de pierre dure, *en lettres sacrées,
en lettres enchoriales et en lettres grecques*, et
placé dans chaque temple... » (1).

(1) Combien d'autres stèles pareilles, ce dernier mot
n'annonce-t-il pas?

Ainsi, d'après cette inscription, le sujet exprimé par ces trois sortes de caractères est le même. Grâce à cette inscription grecque, les conjectures allaient avoir un point de départ fixe. Les comparaisons établies soit entre les deux textes égyptiens soit entre diverses parties de chacun d'eux, allaient faire enfin passer l'étude des écritures égyptiennes du champ des hypothèses dans le champ de l'observation. Ce n'étaient plus des citations discordantes d'auteurs anciens, mais une sorte de dictionnaire gréco-égyptien qui allait être interrogé sur la nature et la valeur de ces signes.

Les faits, il faut l'avouer, ne répondirent pas, d'abord, à ces espérances. L'examen

La pierre de Rosette, transportée à Alexandrie, par les soins de M. *Bouchard*, fut bientôt perdue pour la France. Le sort de la guerre, en 1802, la mit aux mains des Anglais.

L'inscription grecque, traduite en français par *Ameilhon*, en latin par *Heyne*, fut successivement complétée par les études de *Villoison* et de *Porson*. M. *Letronne* qui en a donné une traduction, considère le grec (aux formules près du protocole sacerdotal) comme étant l'original qui, soumis à l'autorité grecque et autorisé, fut traduit en égyptien. M. *Lenormant* dans son *Essai sur la pierre de Rosette*, croit devoir donner la priorité au texte égyptien.

direct de la table de granit était refusé aux savants de Paris; M. *Silvestre de Sacy* qui en fit, le premier, l'objet d'une étude comparative, ne put la voir qu'à travers les indications souvent inexactes d'un fac-simile. L'attention de M. de Sacy se porta sur l'inscription enchoriale ou démotique qui, regardée comme une écriture alphabétique, devait correspondre immédiatement au grec. Des trois inscriptions, l'enchoriale est la moins malade; une petite partie seulement des quatorze premières lignes a disparu, au commencement des lignes (qui se lisent de droite à gauche). Il n'y avait pas, là, pensait-on, à douter de la nature des signes, mais seulement à déterminer leur valeur. La seule voie, c'était de chercher, dans l'inscription, les noms propres correspondants aux noms propres du texte grec.

Un instant le savant orientaliste put croire qu'il lui suffirait, pour cela, vu la longueur relative des deux textes, des branches successivement écartées et rapprochées d'un compas; dès le début, l'un des premiers noms offerts par le texte grec (celui d'A-

3

lexandre) qui, d'après cette sorte de calcul,
devait se trouver au commencement de la
troisième ligne, fut trouvé à la fin de la
seconde. M. de Sacy reconnut ensuite les
noms d'Arsinoé, de Bérénice, de Pyrrha, de
Ptolémée... Ces noms lui donnèrent la forme
de 15 caractères alphabétiques, de 15 lettres,
et la particule *et* entre deux noms reproduits
ensemble plusieurs fois. Mais vainement,
comme il le racontait en 1803, avec une si
judicieuse ingénuité, dans sa lettre à
M. Chaptal, vainement il tenta de débrouil-
ler, à l'aide de cette acquisition, les autres
parties de l'inscription.

Vers le même temps, le Suédois *Akerblad*
arrivait, de son côté, par un examen analogue des noms propres, à une collection de
lettres alphabétiques démotiques, mais sans
application, non plus, au reste de l'inscription. Il avait, d'ailleurs, négligé de tenir
compte de l'omission, sinon continuelle, au
moins fréquente des voyelles.

Dès les premiers pas, se présentaient des
difficultés insurmontables. Que fallait-il?
revenir sur l'idée que l'on se faisait de la

nature de cette écriture. *Hérodote, Diodore, Clément d'Alexandrie* avaient-ils affirmé que l'écriture démotique était alphabétique et purement alphabétique? La similitude d'aspect de cette écriture cursive, avec les écritures alphabétiques, anciennes ou modernes, suffisait-elle pour conclure à une identité complète d'usage? *Gibert* avait dit que le nom d'hiéroglyphes n'impliquait pas l'absence complète de signes alphabétiques : ne fallait-il pas appliquer cette pensée aux caractères démotiques, et dire que la nature de ces caractères n'impliquait pas l'absence complète de signes non alphabétiques? Ces questions ne furent pas même posées. Les orientalistes, appelés, pour ainsi dire, par occasion, au maniement de ce problème, se rebutèrent d'une première tentative infructueuse.

Quant au texte hiéroglyphique, son état de mutilation ne permettait guère d'attendre plus de succès. Aucune ligne n'était entière; la partie supérieure manquait totalement; des quatorze lignes horizontales qu'il offrait, près d'un tiers manquait, à gauche, et toutes

les lignes avaient quatre ou cinq figures de
moins; à droite les trois dernières lignes
seules étaient, à très-peu de chose près, com-
plètes. Il faut le dire aussi : l'inscription
enchoriale, considérée comme l'écriture commune et permanente de l'Egypte, avait été
abordée avec confiance ; il n'en pouvait être
de même de figures hiéroglyphiques adjoin-
tes à des caractères grecs, c'est-à-dire tracées
à une époque, où, d'après l'opinion domi-
nante, les traditions hiéroglyphiques avaient
cessé depuis plusieurs siècles. De telles
figures étaient légitimement suspectes. Il en
était un peu de ces hiéroglyphes comme des
inscriptions grecques de dédicace sur des
temples de style égyptien. Les hiéroglyphes
de la pierre de Rosette furent négligés,
comme un emprunt dénué de sens, fait par
les prêtres aux sculptures monumentales,
pour la forme seulement, dans l'intention de
faire croire à la persistance des anciennes
connaissances.

Vous ne vous étonnerez pas que ce soit
un homme étranger, par la nature de ses
études, aux opinions dominantes en cette

matière (1), ni (la table de granit se trouvant
à Londres) que ce soit un Anglais, qui le
premier en ait étudié sérieusement la partie
hiéroglyphique. Vous pourrez, au reste, vous
convaincre, par vous-mêmes, qu'il suffisait
de jeter quelque temps les yeux sur ces
lignes d'hiéroglyphes, si mutilées qu'elles
fussent, pour n'avoir pas à regretter son
temps (2). Les deux dernières lignes seules
peuvent être rapprochées, au premier abord,
du texte grec. Dès le premier coup d'œil,
lisant de droite à gauche, vous reconnaissez,
au commencement de la dernière ligne, une
image de la table de pierre arrondie par le
haut (de la *stèle*), ordonnée dans la dernière
ligne du texte grec.

Où le rapprochement pourrait-il être le
plus sûrement tenté ? — Entre la fin de cette
même ligne hiéroglyphique et les derniers
mots de la ligne cinquante-quatrième et der-

(1) Pas assez étranger encore, cependant, comme vous
l'allez voir.

(2) La Bibliothèque nationale possède une copie en
plâtre de la pierre de Rosette. — L'*Egypte* de M. *Champollion aîné*, en met (planche 77) la partie hiéroglyphique
à la portée de tous.

nière de l'inscription grecque. Le grec a perdu, en cet endroit, une quarantaine de lettres. Il est néanmoins hors de doute qu'il était question, en ce lieu, du roi récemment sacré ou divinisé, et conséquemment quali- fié, dans le texte grec, d'*épiphane* (manifes- tation de Dieu) et d'*euchariste*, plein de grâce C'est avec une conjecture que nous abordons les derniers signes de la dernière ligne hiéro- glyphique; n'importe. Ces derniers signes nous offrent, tout d'abord, une particularité qui suffirait, à elle seule, pour y attirer l'at- tention : c'est celle d'un groupe de figures, distingué du reste de la ligne, par un de ces encadrements que nous avons déjà remar- qués ailleurs. Le reste des fragments de lignes hiéroglyphiques nous offre cinq autres encadrements analogues (indépendamment d'un sixième dont on n'aperçoit pas le com- mencement).

La plus légère attention suffit pour voir que, de ces encadrements inégaux, les trois grands, exactement pareils entre eux, ne sont, dans leur première moitié, que la re- production des deux petits. En considérant

les signes voisins des grands encadrements,
vous remarquez que ces encadrements sont
suivis d'*un même assemblage de huit figures,
reconnaissable à ses trois croix, placées chacune sur un cœur.* Cet assemblage qui, à la
suite du grand encadrement final, termine
la dernière ligne, ne représenterait-il pas
une *qualification* correspondante à celle par
où se terminent les traductions du grec?

Supposons que ce soit la *qualification sacramentelle* qui revient si souvent dans le
texte grec.

Vous voyez, en outre, que la figure qui
précède le grand encadrement de la dernière
ligne (comme ceux de la ligne 6 et de la
ligne 7), c'est l'abeille (1), où nous avons
appris à voir un symbole du roi. Nous lisons
donc : *Le roi..... épiphane euchariste*; ai-je
besoin de vous dire, après cela, de quelle
nature est le mot que doit fournir l'encadrement, pour combler ici la lacune?

(1) Cette abeille est toujours adjointe à une sorte de
sceptre en crosse, placé comme elle, au-dessus d'une
demi sphère. (Les grands encadrements de la ligne 6 et
de la ligne 14 sont précédés de cinq autres signes identiques.)

Si nous pouvions douter que ce soit le nom même du roi, quelques remarques du même genre dissiperaient notre incertitude. Dans la ligne 49 du texte grec, le nom du roi, formellement articulé, est accompagné de la qualification sacramentelle d'*épiphane euchariste*. Nous pouvons penser que cette ligne correspond à l'*antépénultième* du texte hiéroglyphique; au grand encadrement suivi des *huit signes*. Cela posé, le grec qui, entre les lignes 49 et 54, contient deux fois (lignes 51 et 53) la qualification sacramentelle sans nom de roi, — nous oblige à trouver deux fois, entre les lignes antépénultième et dernière d'hiéroglyphes, l'assemblage des *huit signes*. sans encadrement elliptique. Or, nous trouvons précisément cet assemblage deux fois, dans l'avant-dernière ligne hiéroglyphique, la treizième des lignes restantes (1).

La nature des encadrements distinctifs

(1) Ce n'est pas le lieu d'étendre ces conjectures. Vous voyez qu'elles nous conduisent directement à l'étude des groupes de figures encadrées que nous savons d'avance correspondre au nom de Ptolémée. Nous en avons, de plus, déjà vu assez pour être assurés que le nom du roi et sa qualification sacramentelle terminaient l'inscription,

reconnue, comment y lire le nom qu'ils renferment? Que signifient ce petit *carré*, ce
quart de sphère, ce *lion accroupi?*... Je m'ar-
rête pour laisser au savant anglais dont je
vous parlais, l'initiative de cette recherche.

Ce savant, c'est un physicien; c'est le
célèbre *Thomas Young*, également versé dans
les observations physiques, astronomiques,
médicales, et familier, dès l'enfance, avec
les études hébraïques. C'est en 1814, à l'âge
de 41 ans, qu'il commença cet examen de la
pierre de Rosette, qui allait ouvrir aux études
égyptiennes une nouvelle carrière. Ce fut à
l'idée nouvelle qu'il se fit de l'écriture démotique, qu'il dût la première lueur qui soit
venue éclairer les ténèbres des hiéroglyphes.

Plusieurs critiques avaient conjecturé que
l'écriture démotique s'était formée par une
sorte de reproduction partielle ou abrégée
des figures hiéroglyphiques; *Young*, en 1816,
vit cette conjecture se changer, pour lui, en
certitude. Une comparaison toute matérielle
des deux sortes de caractères en établissait,
de la manière la plus évidente, l'identité
originaire : d'une part, un dessin complet

tracé avec une sorte de respect religieux; de l'autre, une espèce de tachygraphie ou de sténographie. Entre ces deux extrêmes se plaçaient les écritures de certains papyrus (considérés aussi comme alphabétiques), où l'abréviation des hiéroglyphes était plus manifeste : sorte de passage de l'écriture hiéroglyphique à l'écriture démotique.

Young s'arrêta là, pour cette fois; de l'identité d'origine, il ne conclut point à une identité d'emploi. On s'étonne que la logique ne l'ait pas conduit tout d'abord, au nom de cette identité d'origine, soit à chercher des signes alphabétiques dans les hiéroglyphes, soit à chercher des signes idéologiques dans les caractères démotiques.

Young, s'il n'osa tirer la première conclusion (contre le témoignage unanime de l'antiquité grecque), ne tarda pas à tirer la seconde (contre l'opinion de tous les savants contemporains), et à ne voir dans les diverses écritures égyptiennes abréviatives, comme dans l'écriture complète et parfaite des hiéroglyphes, un seul et même corps de caractères, une seule et même écriture représentative, non de sons et d'articulations, mais d'idées, comme l'écriture chinoise.

Cette conclusion acceptée, il était une circonstance où, dans cette écriture exclusivement idéographique des Egyptiens, comme dans l'écriture exclusivement idéographique de la Chine, on avait dû se trouver dans la nécessité d'employer des caractères de son ou d'articulation : c'est le cas où l'on avait eu à rendre des noms étrangers. Dans ce cas, le démotique devait offrir des signes alphabétiques ou syllabiques; mais cet emploi était resté accidentel, et cela expliquait comment l'alphabet fourni par ces noms, à M. *de Sacy*, était demeuré sans application au reste de l'inscription. *L'emploi accidentel et exceptionnel* des mêmes figures, comme signes de sons, d'articulations ou de syllabes, devait se retrouver dans le texte hiéroglyphique, par cela seul que ce texte était aussi purement idéographique, dans son usage ordinaire.

Un groupe de figures, comme nous l'avons dit, s'offrait, à diverses reprises, dans les hiéroglyphes de la pierre de Rosette, avec un

encadrement exceptionnel déjà remarqué sur
une foule de monuments égyptiens. Young y
vit l'un de ces noms étrangers qu'il cherchait.
Une imitation vague tracée au courant de la
plume, des figures ainsi encadrées, lui parut
présenter une ressemblance frappante avec
les signes précédemment reconnus, dans la
partie démotique, pour appartenir au nom
de Ptolémée. Young avait donc, dans cet
encadrement, le premier et mémorable exemple d'un emploi alphabétique des hiéroglyphes (1). — Malheureusement, l'on en était

(1) En 1762, *Barthélemy*, écrivait ces mots, à propos de
plusieurs lignes rapprochées entre elles, en une sorte de
carré sur une bandelette de momie : « Je pense que ces
groupes de lettres expriment des noms propres, *à l'imita-*
tion de ces hiéroglyphes qui, sur d'autres monuments
égyptiens sont réunis dans des ovales, pour représenter
peut-être des noms de princes et de dieux. » De *Guignes*
avait aussi soupçonné que ces encadrements étaient affec-
tés à des noms divins. Enfin, *Zoëga*, écrivait, en 1797 :
« On voit çà et là, sur les monuments, des encadrements
elliptiques assis sur une base plane, qui, par manière de
distinction, renferment certains assemblages de signes,
soit pour exprimer les noms propres de personnes, soit
pour désigner des formules plus révérées. »
Un encadrement analogue est désigné comme symbole
royal, dans les chapitres 59 et 61 d'Horapollon.

réduit aux huit signes que ce nom présente dans les petits encadrements.

Un de ces succès qui sont pires que des échecs, vint fausser tout-à-coup les recherches du docteur Young. Au nom que présentent les encadrements hiéroglyphiques de la pierre de Rosette se trouvait joint, dans une inscription transcrite par les Français lors de l'expédition d'Egypte, sur le plafond de la porte triomphale du palais de Karnac, à Thèbes, un autre groupe pareillement encadré. La première figure de ce groupe, parut à Young représenter une corbeille, en copte, *bir*. Cette syllabe présentait le rapport le plus spécieux avec la syllabe initiale du nom de Bérénice, l'un des noms que l'on pouvait chercher à côté d'un nom de Ptolémée. La comparaison de cet encadrement thébain avec les signes qui représentent le mot Bérénice dans les premières lignes démotiques de la pierre de Rosette, confirma Young dans sa conjecture; et de fait, il avait rencontré juste. — Le résultat de cette rencontre, vous l'entrevoyez; au lieu de chercher des signes correspondants aux lettres

B, e, r, n. etc., Young fut induit à chercher
des signes syllabiques. Il ne douta plus que
les Egyptiens, dans l'expression écrite des
noms propres étrangers, n'eussent procédé,
comme les Chinois, par des *rébus.*

La valeur, tantôt alphabétique, tantôt syllabique, attribuée par Young à onze des
treize signes composant les deux noms de
Ptolémée et de Bérénice, ne conduisit à la
lecture d'aucun autre nom propre. Pendant
trois ans, de 1819 à 1822 (jusqu'à ce que fût
aperçu, en France, le principe conventionnel
qui détermine la valeur de ces figures comme
signes de sons ou d'articulations) l'alphabet
partiel de Young resta sans application (1).

Il est temps de parler d'un autre Observateur qui, parvenu par une série de conjectures analogues à celles de Young, à cette
même décomposition des noms propres
étrangers, devait en tirer les conséquences
les plus naturelles et les plus fécondes. Est-il

(1) Je laisse de côté le rapport reconnu par Young entre
un grand nombre de signes démotiques et leurs correspondants hiéroglyphiques, et la découverte de quelques-
uns des signes de nombre. Le docteur Young est mort, à
56 ans, en mai 1829.

besoin de nommer l'interprète par qui
l'Egypte et la France, qui se devinaient,
s'entendent ; celui par qui les espérances les
plus hardies de la civilisation la plus jeune
se renouent *directement* aux souvenirs de la
civilisation la plus antique ; celui qui le premier, de tant de voyageurs ravis, comprit
à la fois le monument et l'inscription, le
tableau et la légende ; celui qui, vingt-et-un
siècles plus tard que Manéthon, put tirer des
archives sacrées les mêmes lointaines
annales.

La vie de *Champollion le jeune* (1), l'inter-
ruption soudaine de cette illustre carrière
nous permet malheureusement de la voir
dans son ensemble, présente l'un des plus
frappants exemples de ce que l'on pourrait
appeler la puissance providentielle du travail. Qui de vous n'a remarqué, chez la plupart des hommes célèbres, cette première
époque des études infructueuses, des pas
inutiles, des longs et stériles efforts ? Que les
années sont lentes, au gré des ambitions

(1) Né à Figeac (département du Lot), le 23 décembre 1791.

impatientes ou des affections inquiètes! mais
aussi quel acquis d'habitudes utiles; quel
trésor, patiemment accumulé, de connaissances précieuses! L'exemple offert, à cet
égard, par Champollion, est d'autant plus
remarquable que, dès le sortir de l'enfance,
c'est à l'étude de l'ancienne Egypte qu'il
s'était voué. De seize à trente-deux ans, il
marcha constamment dans cette voie; et
c'est alors seulement qu'il trouva, si je puis
dire, le *miroir concave* par qui tant de rayons
étrangers entr'eux devaient s'unir, et, ten-
dant au même but, y allumer un flambeau.

Son frère aîné fut son premier guide.
L'accueil que les premiers essais du jeune
Egyptianiste lui obtinrent, à Grenoble, de la
part de *Fourier*, alors préfet de l'Isère, dé-
cida de sa vie. « Ce fut sans doute, écrit
M. *Silvestre de Sacy* (1), aux charmes dont
se revêtaient, dans la conversation de cet
homme supérieur, les monuments des arts
et de la civilisation de l'Egypte, que la
science a dû la constante et inébranlable

(1) *Notice sur la vie et les ouvrages de Champollion le jeune*, lue à l'Académie des inscriptions, le 2 août 1833,

vocation qui identifia le jeune savant avec
l'antique patrie des Pharaons, et qui en fit
lo centre de toutes ses méditations, le pivot
autour duquel devait tourner toute sa vie.

Dès 1807, il demandait à la langue copte
l'origine de tous les *noms de lieux* égyptiens
qui nous ont été transmis par les Grecs et les
Latins. La même année, on le voit suivre, à
Paris, les cours de l'école des langues orientales ; puis, en 1809 (professeur d'histoire à
la faculté de Grenoble), retourner auprès de
Fourier qui le fait exempter en 1811, de la
conscription, par un décret spécial de l'Empereur. Diverses publications de notices ou
de fragments de manuscrits coptes, de 1811 à
1817, annoncent l'importance qu'il n'avait
pas cessé d'attacher à cette langue. De retour
à Paris, en 1815, il y recommença, sur un
nouveau plan, un dictionnaire copte (1). Sa
confiance dans l'instrument de découverte
qu'il s'acquérait ainsi, s'explique par l'opinion où il était encore que les textes démo-

---

(1) Ce dictionnaire fut, depuis, fondu dans celui de
M. *Peyron*, comme ce savant nous l'apprend dans sa
Préface.

tiques n'étaient autre chose que des textes coptes, écrits avec des caractères alphabétiques qui ne différaient des caractères coptes, que par la forme seule.

Toutefois les essais, tentés d'après cette opinion, sur la partie démotique de la pierre de Rosette restaient infructueux. Ces figures, muettes pour les yeux, et, par cela seul, si fort analogues à nos signes alphabétiques, — Champollion, comme Young, en vint à penser que, malgré cette apparence, il pouvait s'être trompé (avec tous les savants) sur leur compte. Le nombre immense de signes employés excluait l'idée d'un alphabet tel que le nôtre ; l'absence d'analogies qui permissent de classer cette foule de signes, excluait l'idée d'une écriture syllabique.

Un fait vint le confirmer dans ces doutes. Des textes gravés sur les monuments en caractères hiéroglyphiques, et d'autres textes tracés sur des papyrus, dans l'une des sortes de caractères regardés jusque-là comme alphabétiques, commençaient par une représentation des mêmes scènes religieuses : « N'y aurait-il pas, se dit-il, la même iden-

tité, entre les textes qu'entre les tableaux?
S'il en est ainsi, tel de ces signes qui corres-
pondrait à un hiéroglyphe, devrait revenir,
dans les lignes horizontales du papyrus,
autant de fois qu'il revient dans les colonnes
verticales de granit, et à des intervalles cor-
rélatifs. » Cette conjecture, c'était la vérité.
« C'est ici, que Champollion recueillit le premier fruit de l'infatigable application qui,
sans succès jusque-là, avait gravé ineffaça-
blement dans sa mémoire la forme exacte de
ce nombre immense de signes, alors qu'ils
n'étaient encore pour lui que des figures
sans vie (1). »

L'écriture ainsi dépouillée du caractère
d'écriture alphabétique, c'était cette sorte
d'écriture *intermédiaire* que l'on avait peu
distinguée jusque-là, et dans laquelle Champollion vit l'écriture hiératique de *Clément
d'Alexandrie*. La nature hiéroglyphique de
l'écriture démotique, était reconnue du
même coup. C'est en août 1821 que ces faits
furent communiqués à l'Académie des inscriptions.

(1) *Notice* de M. *Silv. de Sacy.*

Champollion en revint à la pierre de Rosette, et tenta de s'en rendre compte d'après l'idée que, signes hiéroglyphiques ou démotiques, les figures des textes égyptiens y étaient, dans tous les cas (hors un seul pourtant), des signes d'idées. Ce nouvel essai consistait à superposer aux groupes des six dernières lignes de l'une et de l'autre inscription égyptienne, les mots de l'inscription grecque qui devaient y correspondre « en suivant l'ordre naturel des signes, dans une écriture formée exclusivement de signes d'idées (1). »

Restait le cas où, dans l'une et l'autre inscription égyptienne, les figures n'avaient pu être des signes d'idées; celui des noms étrangers. La comparaison des noms propres et de plusieurs autres mots étrangers par Champollion, dans la partie démotique, lui donna dix-neuf caractères distincts, détournés, en ces occasions, de leur emploi habituel, et transformés en signes de sons ou

(1) Aux mots grecs était annexée, dans ce travail, leur traduction copte, dans le but seulement de prouver que la marche des textes égyptiens était, en effet, ce qu'elle devait être dans la langue parlée.

d'articulations, eu *signes phonétiques*. Ce travail, confirmé par la reconnaissance des mêmes noms et de plusieurs autres dans un papyrus acquis par le gouvernement, fut communiqué à l'Académie des inscriptions en août 1822.

Les hiéroglyphes étant regardés désormais comme identiques avec les caractères démotiques, Champollion était conduit, comme Young, à y chercher, au même titre, la transformation accidentelle de signes idéographiques en signes phonétiques. En septembre 1822, parut sa *Lettre à M. Dacier*, qui devait porter la lumière dans cette décomposition des noms propres (latins ou grecs), les seuls où il cherchât des figures hiéroglyphiques transformées en signes phonétiques, « quoique déjà il eût acquis la conviction que cette fonction des signes idéographiques, étrangère à leur première institution, datait d'une époque antérieure de plusieurs siècles à celles de Cambyse et d'Alexandre. » Il n'allait pas aussi loin que le permettait la réalité; mais, du moins, dans ce recueil de signes accidentellement alphabétiques, il

marchait d'un pas sûr; car il avait en main
le principe même d'après lequel ces figures
avaient été détournées ainsi de leur usage
primitif.

Ce principe est bien simple, et semble
ressortir, de lui-même, du rapprochement
des figures hiéroglyphiques et du mot qui les
désigne dans la langue copte. Il consiste en
ce que *ces figures hiéroglyphiques*, lors-
qu'elles sont employées comme signes phonétiques, *expriment le premier son ou la première articulation du nom qu'elles portent
dans la langue égyptienne* (1). Ainsi le lion
(le hérissé, en égyptien, *labo*), sera pris pour
la lettre L ; la bouche (*ro*), pour la lettre R ;
la main (*tot*), pour la lettre T ; la chouette
(*mouledj*), pour la lettre M ; l'aigle (*ahom*),
pour la lettre A.

(1) Il est à noter que le nom de la figure n'est pas toujours son nom *direct*. Ainsi, d'après M. *Salvolini*, une
figure de vautour représente tantôt N ou M, selon qu'elle
est prise dans le sens direct de vautour (en copte *Nreou*),
ou dans le sens symbolique de mère (en copte *maut*). C'est
peut-être ainsi que le lion représente également L et R ;
pris, sans doute, dans le dernier cas, comme l'indique
Horapollon. dans la signification de vigilant (en copte
rois

Ce principe, voyons-le à sa naissance, c'est-à-dire dans la décomposition du seul nom propre étranger que présentât la partie hiéroglyphique de la pierre de Rosette, reconnu par Young, pour être celui de Ptolemaios.

La première moitié des grands encadrements (pareille à la totalité des petits) offre successivement, de droite à gauche (1), un *carré* que nous supposerons représenter P; un *quart de sphère* T; un *oignon* avec sa tige O; un *lion* L; un carré auquel il manque un côté, que nous supposerons correspondre à M (supprimant la voyelle E dont le signe qui se voit plus loin, paraît manquer ici); deux *plumes* représentant E É; enfin un *bâton à crosse* représentant S. Nous voici, sauf erreur, en possession de six figures hiéroglyphiques correspondant à six lettres. Mais qui nous assurera que nous ayons deviné juste! un autre nom qui nous montre les mêmes figures dans le même emploi.

(1) Règle générale : les textes hiéroglyphiques se lisent en commençant par le côté vers lequel regardent les figures.

En 1815, le voyageur anglais *Banks* avait découvert et fait dégager dans l'île de Phylœ, sur la limite méridionale de l'Egypte, un petit obélisque granitique, enfoui devant le portique d'un grand temple d'Isis, ainsi que le socle, également en granit; l'un des côtés du socle portait une inscription grecque transcrite, par M. Bancks, et en 1816, par notre compatriote M. *Caillaud*. En 1819, par les soins du voyageur italien *Belzoni*, l'obélisque fut transporté à Alexandrie, puis en Angleterre.

L'inscription grecque commence ainsi : « Au roi Ptolémée, à la reine Cléopâtre sa sœur, à la reine Cléopâtre sa femme, dieux bienfaisants, salut. Nous les prêtres d'Isis... considérant, etc. » Ces prêtres énumèrent les vexations dont ils ont été victimes et demandent l'autorisation d'élever une *stèle* en mémoire de la justice qui leur a été faite.

Les hiéroglyphes (1) de l'obélisque étaient-ils sans rapport avec le grec du socle? l'en-

(1) Les inscriptions hiéroglyphiques de Philœ, connues, en Angleterre, avant de l'être en France, n'y produisirent aucun résultat.

semble ne formait-il pas, pour quelques
parties du moins, une inscription bilingue?
— On reconnaissait, dans un encadrement
elliptique, sur la colonne simple de chaque
face, le nom de Ptolémée; auprès, dans un
autre encadrement pareil, se voyait un
autre groupe de figures. Ce groupe ne repré-
sentait-il pas le nom de Cléopâtre? Dans le
texte démotique de la pierre de Rosette, les
noms de Ptolémée et de Cléopâtre, ont quelques signes pareils : on pouvait donc s'attendre à ce qu'il en serait de même, entre
ces mêmes noms figurés en hiéroglyphes.

Ce nouvel encadrement offre successivement : 1° Un *tranchant de hache* (en copte
Kelebin) K; 2° le *lion* que nous avons vu
représenter L, dans Ptolémée; 3° la *plume*
que nous y avons vue représenter E; 4° l'oi-
gnon avec sa tige, auquel nous avons sup-
posé la valeur de O; 5° un *carré*, premier
signe du groupe de Ptolémée, P; 6° un *épervier* que nous pouvons supposer être une
représentation de A; 7° une *main* (en copte
tot) T, figure différente de celle qui, dans le
groupe de Ptolémée, nous a paru représenter

4

la même lettre : premier exemple de signes
divers pour un emploi identique ; premier
exemple de ce que Champollion le jeune a
nommé des *homophones* ; 8° une *bouche* (en
copte, *ro*) R ; signe qui ne se trouve pas
dans le groupe de Ptolémée ; 9° l'*épervier* à
qui nous avons assigné la valeur de A. Enfin
le signe qui indique que le nom est un nom
de femme.

Les signes réunis de ces deux noms, donnent déjà 12 lettres répondant à 11 consonnes ou voyelles. Champollion en fit application à un autre groupe encadré, recueilli,
dans l'expédition d'Egypte, sur divers édifices de Thèbes. Ce groupe offre successivement, l'*epervier*, A ; le *lion*, L ; un *grand
vase à anneau* (valeur inconnue)', le *bâton
recourbé* qui termine le nom de Ptoléméos,
S ; une *plume*, E ; les *lignes ondulées*, signe
de l'eau (valeur inconnue) ; la *main*, T ; la
bouche, R ; *deux sceptres horizontaux* (valeur
inconnue). Cela fait AL. SE. TR. — Que les
lignes ondulées représentent N ; que le vase
à anneaux, soit un nouveau signe de K ; et
les sceptres, un nouveau signe de S : on a

ALKSENTRS ; et, par addition de deux
voyelles, *Aleksentros*, Alexandre. Cet examen
donne trois nouveaux signes dont deux sont
à joindre, comme homophones, aux représentations déjà connues de K et de S : total,
quinze lettres acquises.

Abordons à présent le nom encadré sur
le plafond de la grande porte de Karnac,
nous y trouvons successivement : une *coupe*
(valeur inconnue, et supposée B) ; le signe
connu de R, des groupes de Cléopâtre et
d'Alexandre ; le signe de N, du groupe
d'Alexandre ; un signe dont la valeur pourrait être I ; de nouvelles formes de K, de S.
(total BRNIKS) ; enfin le même signe du
féminin que dans le groupe de Cléopâtre. —
Sans sortir de la décomposition alphabétique,
nous avons le nom de *Beréniks* (de Bérénice),
avec des suppressions de voyelles presque
pareilles à celles que présente le même nom,
dans la partie démotique de la pierre de
Rosette.

Il nous reste à suivre Champollion dans
l'extension successive de ses vues. Ce procédé lui fournit d'abord de nombreuses

preuves de l'emploi des hiéroglyphes sous l'administration grecque et romaine. Guidé, dans sa recherche de noms étrangers, par les indices grecs si vivement mis en lumière par M. *Letronne*, il lut, en des encadrements pareils, les noms de presque tous les souverains grecs et romains, de l'Egypte, du premier des Ptolémées à Adrien. Entre autres applications mémorables, il vit, en hiéroglyphes, le mot grec *autocrator* (empereur) sur le célèbre zodiaque de Denderah ; sur les temples même de ce nom, les noms d'Auguste et de Tibère ; sur le petit temple d'Esné, les noms impériaux d'Adrien, de Trajan, d'Antonin ; sur le grand temple d'Esné, ceux de Septime Sévère, de Caracalla, de Géta.

Cet examen donnait un recueil de plus en plus riche d'hiéroglyphes alphabétiques de même valeur et d'hiéroglyphes employés, en cette occasion, comme signes purement alphabétiques. Cet alphabet ne tarda pas à être appliqué, par Champollion même, à un nom étranger, autre que les noms grecs et latins. Il lui permit de lire sur un vase d'al-

bâtre du Musée, dans un encadrement elliptique, le nom de Xercès, — dans le temps
même où un autre savant arrivait à un résultat semblable, en étudiant les caractères
persépolitains cunéiformes qui accompa-
gnaient le texte hiéroglyphique. Peu do
temps après, l'examen attentif des encadrements de l'obélisque *campensis*, conduisit
Champollion à y reconnaître, en hiéroglyphes purement alphabétiques, — non plus
un nom étranger, mais un nom égyptien,
celui du roi Psammétique.

Ainsi donc ni l'usage des encadrements
distinctifs, ni celui des hiéroglyphes alphabétiques, n'était restreint aux noms étrangers. L'emploi des hiéroglyphes alphabétiques était antérieur à la conquête d'Alexandre; antérieur à la conquête de Cambyse.
On avait l'assurance, l'alphabet de Champollion à la main, de lire, l'un après l'autre,
les noms de tous les Pharaons.

Du même coup, tombait toute assimilation
à l'écriture chinoise. Il n'y avait plus de
raison, pour que les hiéroglyphes fussent
alphabétiques, *par accident, par exception.*

Cet alphabet dont le cercle d'application, successivement élargi, embrassait, à présent, tous les noms propres égyptiens, n'était-il pas applicable dans un cercle plus large encore? Avec son secours, les autres mots de la langue n'allaient-ils pas, dans l'écriture hiérog'yphique, comme dans les autres écritures égyptiennes, être décomposés en leurs lettres constitutives : identifiés dès-lors aux mots que le copte écrit avec des caractères grecs.

Nous touchons ici au moment capital; au *fiat lux* de ces ténèbres si longtemps prolongées. N'est-ce pas merveille de voir, d'une part, cet alphabet si judicieusement acquis, de l'autre, cette langue copte si fidèlement cultivée, se rencontrer enfin et donner, à leur point de rencontre, une lumière à laquelle les hiéroglyphes sortent tout-à-coup de leur nuit de douze siècles.

C'est en 1824, dans son *Précis du système hiéroglyphique,* que Champollion fit part au monde savant de la grande nouvelle. Pour la première fois, l'on ne put se refuser à l'espoir de *lire en effet* toutes les inscriptions prodiguées sur les monuments et les tombeaux de l'Egypte. L'on vit démontré que les figures hiéroglyphiques étaient employées comme signes alphabétiques en des mots autres que les noms propres; et, de plus, que des hiéroglyphes ainsi employés entrent pour une très-grande partie, souvent pour les trois quarts, dans toutes les inscriptions hiéroglyphiques : donnant, en ce cas, des signes correspondants à la langue parlée (1). La découverte de l'alphabet égyptien incessamment accru de signes homophones, était, avec la langue copte, l'une des deux clés des écritures égyptiennes. Le manuel hiéroglyphique d'Horapollon était l'autre. « Ainsi, chose bien remarquable ! Champollion qui n'était entré véritablement dans le sentier de ses découvertes, qu'en dépouillant les deux systèmes d'écriture auxquels il a appliqué les noms d'hiératique et de démo-

(1) Comme le remarque M. *de Sacy*, « les mots coptes que Champollion n'avait attachés jusque-là que pour mémoire et par une supposition gratuite, aux signes de l'ancienne écriture égyptienne devinrent pour lui, par suite du progrès de ses découvertes, dans une multitude de cas, la vraie et naturelle lecture de ces signes. »

tique, du caractère général et exclusif d'écriture alphabétique que, d'abord, il leur avait
attribué, comme tant d'autres (1), — n'a eu
véritablement le secret de tout le système
graphique de l'ancienne Egypte, que quand
il a reconnu qu'une écriture vraiment alphabétique (en prenant ce mot dans une certaine
latitude) était constamment associée, dans
tous les monuments écrits de ce pays, quoique dans des proportions fort diverses, avec
le système idéographique. »

Ne vous étonnez pas de ces détours. C'est
le lot de ceux qui savent le plus, d'avoir
souvent plus que d'autres à désapprendre.
Admirez, plutôt, cette heureuse flexibilité,
l'un des caractères de l'esprit éminent que
nous venons de suivre ; cette liberté de juge-
ment qu'il conserve à l'égard de ses propres
découvertes, et qui, d'une demi-vérité à une
autre, le conduit enfin à la vérité totale.
Cette vérité, quelle présomption n'eût-il pas
fallu pour l'annoncer dès le début, contre le
témoignage exprès de toute l'antiquité grec-

_____

(1) C'est M. *de Sacy* qui parle, avec sa modestie ordinaire,

que et romaine ! Nul doute qu'un observateur étranger aux opinions préconçues et
interrogeant les hiéroglyphes même de la
pierre de Rosette sur leur nature et leur
valeur, n'eût été, dès l'abord, plus près du
but. Les études physiques ne sont pas les
seules où soit applicable le précepte de *Des-
cartes*, d'*oublier pour savoir*.

L'alphabet acquis par la décomposition
des noms propres, et le copte, s'appuyaient
et se justifiaient l'un l'autre. L'identité du
copte et de l'ancienne langue égyptienne,
dans toutes les parties essentielles, avait
désormais une preuve directe, tirée des
monuments égyptiens eux-mêmes. Ecrits en
hiéroglyphes ou en copte, les mots ne différaient que par des omissions de voyelles et
des transpositions régulières de consonnes.
D'une autre part, la distinction des hiéroglyphes employés alphabétiquement et des hiéroglyphes employés idéographiquement,
dans le même texte, était saisissable.

La partie idéographique une fois ramenée
à ses proportions réelles dans les textes hiéroglyphiques, **le dictionnaire** symbolique

d'Horapollon, appliqué jadis si mal-à-propos
à la totalité de ces textes, avait enfin son
usage; le grec de la pierre de Rosette en
était garant. C'est ici que les inscriptions
bilingues de ce genre, sont le plus à désirer,
soit pour vérifi r l'application du recueil
Horapollonien, si fréquemment suspecté;
soit pour confirmer des interprétations empruntées à d'autres sources (1). On cite cinq
ou six pierres égyptiennes à inscriptions
multiples, et l'on ne peut douter que des
fouilles bien dirigées, autour des anciens

(1) Indépendamment du Traité d'Isis et Osiris attribué
à *Plutarque*, un grand nombre de renseignements pour
l'interprétation des symboles dont Horapollon ne parle
pas, sont dispersés dans les Recueils d'histoire naturelle
ou de traditions merveilleuses, sur les animaux et les
plantes de l'Egypte, sur son fleuve, ses monuments mys-
térieux, ses coutumes; et dans les Recueils d'exposition
ou de polémique religieuse. Les lectures ne suffisent pas.
Ce n'est, souvent, que sur la terre d'Egypte que l'on peut
parvenir à pénétrer le sens de ces figures, ou même
apprendre à les reconnaître. « Se refaire homme-enfant,
au milieu des circonstances naturelles d'où est issu le
système symbolique des Egyptiens; ne négliger, pour
cet objet, aucun détail fourni par la nature ou les usages
propres à la contrée: telle est, écrit M. *Lenormant*, la
tâche, *difficile à force de simplicité*, que l'étude de l'ancienne Egypte impose. »

temples, n'amènent tôt ou tard la découverte de stèles analogues dont l'étude comparée donnera aux symboles encore inexpliqués la traduction qu'ils attendent.

Vers l'époque où nous voici parvenus, la collection d'antiquités égyptiennes de M. *Drovetti*, consul de France en Egypte, allait former, à Turin, un musée célèbre. Champollion fit, de ces nouvelles richesses, le but d'une excursion scientifique en Italie, prélude d'un autre voyage. Secondé par le gouvernement, il fit, pendant neuf mois entiers, du musée de Turin son cabinet d'études, révélant aux possesseurs des trésors entièrement ignorés. La Lombardie, la Toscane, Rome et Naples, visitées à deux reprises, fournirent successivement à ses idées les confirmations les plus décisives et les moins prévues (1). A ce voyage se rattachent

(1) Ce serait ici le lieu de dire quels noms Champollion avait lus sur les obélisques de Rome.

Celui de *Thoutmosis III* (le *Moris* des Grecs) sur les colonnes médianes de l'obélisque de Saint-Jean-de-Latran; — celui de *Thoutmosis IV* sur les colonnes latérales; — le nom de *Sésostris* (*Ramsès III*) sur l'obélisque Flaminien; sur celui du Panthéon; sur celui de la villa Mattei;

ces *lettres à M. le duc de Blacas* qui jetèrent tant de jour sur la xvii° et la xviii° dynasties. En 1826, sur les pressantes sollicitations du voyageur, le gouvernement français acquit la riche collection égyptienne du consul d'Angleterre, M. *Salt*, et fonda le musée égyptien du Louvre. C'est par les soins de Champollion, nommé conservateur, « que ce Musée fut, en moins d'une année, disposé dans l'ordre le plus convenable et livré aux études, à la curiosité, à l'admiration. »

sur l'un des deux petits obélisques de Florence; — les noms de *Ménéphta I* et de *Ramsès III* sur l'obélisque Sallustien; — le nom de l'empereur *Adrien* sur l'obélisque Barberini; — les noms de *Domitien*, de *Vespasien*, de *Titus* sur l'obélisque Pamphili, où *Kircher* avait vu des choses si différentes; — le nom de *Domitien* sur le petit obélisque de Bénévent; — celui de *Sextus Africanus* sur les fragments du Musée de Naples. — Celui de tous les obélisques connus qui porte le nom le plus ancien, c'est le seul des obélisques d'Héliopolis qui soit resté sur sa base, enterré de deux mètres, et haut de vingt-et-un. Les encadrements de ses colonnes simples de figures, contiennent le nom d'*Osortasen Ier*, de la seizième dynastie qui régnait 2060 ans avant l'ère actuelle, il y a 3000 ans. C'est le lieu de rappeler la *stèle d'Osortasen* trouvée, plus tard, par Champollion, dans les ruines de Beheni. en Nubie, près de la deuxième cataracte, laquelle devrait se voir au Musée, avec une autre stèle trouvée dans le même temple.

Enfin Champollion vit s'accomplir « ce qui avait été le vœu de toute sa vie. » Il obtint d'aller, au nom de la France, explorer « cette terre qui était devenue sa patrie adoptive et qu'il connaissait déjà mieux que personne ne l'avait connue dans l'occident, depuis le père de l'histoire. » La décision royale est du mois de juin 1828 et, dès le 18 août, Champollion et ses collaborateurs, auxquels fut adjointe une commission Toscane, étaient sur le sol sacré; forts, dès le début, de toute la faveur de Méhémet-Ali. « On eût dit, écrit M. *de Sacy,* que cette terre qui, quelques années auparavant, avait appris à connaître et à admirer la valeur et la générosité des Français, s'empressait aujourd'hui d'ouvrir ses portes à des conquérants pacifiques et désarmés, qui venaient étudier et lui révéler à elle-même sa gloire et ses grandeurs passées. »

C'est dans les lettres de Champollion (1)

(1) *Lettres écrites d'Egypte et de Nubie.* Champollion, tout prévenu qu'il était que les temples de Denderah datent de l'époque romaine, écrivait ce qui suit, le 24 novembre 1828 : « Les temples nous apparurent enfin. Je n'essaierai pas de décrire l'impression que me fit le

qu'il faut le suivre d'Alexandrie à Ibsamboul ; elles portent la marque de son ardente
activité, de sa pénétration, de sa patience.
Grâce à l'usage de tant d'instruments, si
persévéramment acquis, seize mois de travail ininterrompu au milieu des ruines, en
apprirent plus sur les antiquités égyptiennes
que ne l'avaient fait seize siècles. Les lettres
de Champollion ne donnent encore qu'une
faible idée des résultats qui récompensèrent
tant de préparatifs. « La masse de travaux
exécutés, dans ce court espace, écrit M. *de
Sacy*, est, pour tous ceux qui les ont eus sous
les yeux, l'objet du plus profond étonne-
ment. » Et ces travaux comptent des découvertes dont la lumière se reflète sur l'histoire entière des nations méditerranéennes.

A ce mémorable voyage, comme vous
l'allez voir, se rattache l'acquisition de notre
bel obélisque. Triste pensée, celui qui avait

grand Propylon et surtout le Portique du grand temple.
On peut bien le mesurer ; mais en donner une idée, c'est
impossible. C'est la grâce et la majesté réunies, au plus
haut degré. Nous y restâmes deux heures en extase...
L'architecture, art chiffré, s'était soutenue digne des
dieux de l'Égypte et de l'admiration de tous les siècles. »

le plus fait peut-être pour doter notre pays
de ce monument, ne devait pas l'y voir !

De retour à Paris en mars 1830, et appelé,
en mai, par l'Académie des inscriptions,
Champollion jeune vit créer, pour lui, l'année suivante, une chaire d'archéologie égyptienne au collége de France. A cette même
année appartient son célèbre mémoire : *Sur
la notation graphique des divisions civiles du
temps, chez les Egyptiens*, « mémoire fondé
écrit M. de Sacy, sur l'étude d'un grand
nombre de tableaux astronomiques et agri-
coles, — démonstration pour tout esprit im-
partial, des données positives que Champollion avait obtenues par sa marche prudente,
jointe à une rare sagacité. Saisissant de la
main de l'érudit ce flambeau inattendu, un
savant académicien pour qui la physique
mathématique n'a pas de secrets, s'en servit
pour porter la lumière dans les obscurités de
l'histoire du calendrier égyptien et sur son
usage dès les temps les plus reculés. » Champollion, ainsi que le reconnaissait M. *Biot*,
avait trouvé, dans ses recherches, l'irrécu-
sable confirmation des convictions hautes et

profondes de l'homme à qui il devait le plus,
de celui qui lui avait montré l'Egypte : heu-
reux lien entre le début et le terme de sa
carrière. — Le terme! nous y touchons en
effet. Le 4 mars 1832 une attaque d'apo-
plexie, vainement annoncée par deux autres
accidents semblables, vint le frapper, au
moment où il achevait de transcrire le
grand recueil de ses observations sur les
écritures égyptiennes, sa *Grammaire Egyp-
tienne.*

Sous ce nom de *Grammaire,* il s'agit,
comme le remarque l'éditeur de ce précieux
ouvrage, M. *Champollion aîné,* il s'agit de la
théorie d'une écriture; d'une *grammatique.*
Mais la langue et l'écriture, nées sur le
même terrain et d'observations analogues,
se tiennent ici de bien près.

Les premières pages de ce livre sont con-
sacrées à l'énumération des diverses classes
d'objets auxquelles sont empruntées les
figures hiéroglyphiques, à leurs divers modes
de sculpture, à leur coloration distinctive.
Les recherches de l'auteur ne lui ont pas
fait remarquer plus de 900 figures distinctes.

— Vient ensuite un premier degré de simpli-
fication où les figures précédentes sont
réduites à des lignes ; mais à des lignes
caractéristiques, choisies avec la plus spiri-
tuelle justesse. Ce sont les *hiéroglyphes
linéaires.*

De ces croquis légers, nous passons à
un second degré d'abréviation, où les figures
perdent en élégance, ce qu'elles acquiè-
rent en facilité : c'est le tracé de l'*écriture hiératique.* On y peut distinguer plusieurs séries d'imitations, de plus en plus
éloignées du point de départ. Les lignes des
figures linéaires sont d'abord seulement
gro-sies ; puis elles subissent des suppressions partielles plus ou moins étendues.
Enfin, dans une dernière classe (l'une des
plus nombreuses), la filiation disparaît presque entièrement.

Ces signes s'emploient *idéographiquement* :
comme caractères-images ; comme caractères symboliques. — Ils s'emploient *phoné-
tiquement,* comme signes de sons ou d'articulations. C'est dans ce dernier emploi,
qu'ils sont le plus usités dans les textes hié-

roglyphiques de tous les âges (1). Je n'ai pas à rappeler le principe de phonétisation, ni la multiplicité de figures pour un même usage alphabétique (2); ces signes, à valeur identique, échangeables entre eux, ces homophones, sont en nombre borné. La collection que Champollion en a faite (son alphabet égyptien), compte 147 figures différentes tracées chacune de deux ou trois manières, souvent très-diverses (3). Les six caractères

(1) Dans la dernière ligne de l'inscription de Rosette, *vingt-trois* signes sont employés idéographiquement, *quatre* comme caractères-images, *dix-neuf* comme caractères symboliques. *Trente-neuf* sont employés alphabétiquement.

(2) Ainsi (selon la place disponible, des règles de symétrie ou des rapprochements intentionnels, et, si l'on peut dire, symboliques), R est tour-à-tour représenté par une bouche (*ro*), une grenade (*roman*), une larme (*rime*); — S, par un œuf (*souhouke*); un enfant (*si*); une oie (*sap*); une étoile (*sion*).

(3) Les recherches de M. *Salvolini* ont ajouté à ce nombre, une centaine de signes que l'on peut voir dans l'atlas joint à l'*Analyse raisonnée de différents textes anciens égyptiens*. Les rapports de forme entre les caractères cursifs égyptiens, et les caractères grecs et hébraïques, sont mis hors de doute, dans cet ouvrage. Nos lettres (à commencer par l'A dont vous pourrez comparer le tracé à l'aigle des hiéroglyphes de diverses sortes) ne sont que des figures hiéroglyphiques, qui ont oublié leur patrie.

du copte, étrangers à l'écriture grecque, ne sont que des hiéroglyphes alphabétiques.

Le chapitre III, sur la représentation des noms communs, le XI° sur celle des qualificatifs ou adjectifs, le XII°, sur celle des verbes, pourraient être réduits à un seul; par la suppression fréquente du verbe *être*, les verbes se réduisent à une qualification (d'état ou d'action), et cette qualification comme les autres, n'est qu'un nom commun ajouté à un autre nom. — Les signes de noms, d'adjectifs, de verbes, qui sont, d'ordinaire, employés alphabétiquement, deviennent-ils signes idéographiques, — un signe particulier (cylindre ou demi-sphère) en avertit.

Noms, adjectifs, ou verbes, les mots *composés* sont représentés par des groupes de signes pris dans l'une ou l'autre de leurs fonctions, idéographique ou phonétique. Ces groupes comme les mots coptes auxquels ils répondent, nous initient au secret de la formation des langues et sont autant de leçons de bons sens.

L'obscurité qui pourrait résulter de l'ab-

sence des voyelles est prévenue par des
signes *déterminatifs* de plusieurs sortes,
entre lesquels sont à compter des emblèmes
qui reviennent sans cesse, dans les textes,
pour cet usage. Ainsi tous les noms astronomiques sont suivis d'une étoile; toutes les
notations de temps (heures, jours, mois,
années), d'un soleil; tous les mots où il s'agit
de liquide, des lignes ondulées de l'eau. Un
rouleau ou *volume* lié sert d'explétif (ou de
trait) entre deux phrases.

Comme déterminatif, l'encadrement que
nous avons remarqué, est réservé aux divinités et aux personnages royaux déifiés. Cet
encadrement où l'on a cru voir une sorte de
cachet, comme le plat du cachet que forme
le scarabée, a reçu de là, le nom de cartel ou
de *cartouche*. Les prénoms qui viennent après
les noms, dans les hiéroglyphes, sont en
avant, dans les écritures cursives.

Le duel, le pluriel, ont leurs signes; les
articles coptes, supprimés dans les textes
ordinaires, se lisent dans les textes hiéroglyphiques.

Le chapitre IX contient le système entier

do la numération, le seul système de ce
genre où l'on voie des chiffres puisés à la
même source que les lettres mêmes.

———

Bornons-nous à cet aperçu, et arrivons
rapidement au jour qui vit dresser, au milieu
de nous, après dix-huit cents lieues de navi-
gation, l'un des obélisques de Thèbes.

Le vice-roi d'Egypte, qui payait avec les
antiquités de son domaine les bons offices
des gouvernements européens, avait, à la fin
de 1828, offert les deux obélisques d'Alexandrie (1), l'un à la France, l'autre à l'Angleterre. La dépense que l'embarquement seul
eût exigée, effraya les donataires. Champollion, alors dans la Haute-Egypte, l'apprit
avec joie. Il venait de revoir les deux obélisques restés debout devant le palais de
Louqsor : l'obélisque d'Alexandrie ne répon-
dait plus à son désir de voir à Paris *un ou*

(1) Tous deux, de 21 mètres environ, portent sur leurs
colonnes médiales, le nom de *Thoutmosis III* (le Mœris
des Grecs), et, dans les colonnes latérales, celui de
Sésostris.

*deux échantillons des grands travaux de l'ar-
chitecture égyptienne.* « Si l'on doit voir un
obélisque égyptien à Paris, écrit-il en date
du 24 juillet, que ce soit un de ceux de
Louqsor; la vieil'e Thèbes s'en consolera en
conservant celui de Karnac (1), le plus beau
de tous. » Il indique, en même temps, les
moyens d'exécution : « C'est donc un des
obélisques de Louqsor qu'il faut transporter à
Paris, conclut-il; il n'y a rien de mieux, si
ce n'est de les avoir tous les deux. »

A la fin de 1829, Champollion combina
avec M. *Mimaut,* les moyens d'obtenir de
Méhémet-Ali les deux obé'isques désirés.
Dès son arrivée à Toulon, il transmit au
ministère de la marine toutes les explica-
tions demandées. Le 6 juin 1830, M. *Mimaut*
triomphait des dernières résistances du vice-
roi. — Après la Révolution de Juillet, Champollion émit le vœu que le monument fût

(1) Cet obélisque, l'un des quatre qui décoraient le
palais de Karnac, et dont deux seulement sont debout,
s'élève de 23 mètres au-dessus du sol; on lui suppose
une hauteur totale de 31 mètres. Il offre une colonne simple d'hiéroglyphes, avec le nom d'*Amensé,* la veuve de
Thoutmosis II, la mère de *Mœris.* A droite et à gauche,
sont des tableaux d'offrande.

consacré au souvenir de l'expédition d'Egypte, et donna, de nouveau, tous les éclaircissements historiques et mécaniques nécessaires : indiquant, dans le choix, l'obélisque occidental, le plus petit des deux, mais le mieux conservé, par le bas.

L'Allège *le Louqsor*, construite à Toulon, pour cette mission, partit le 15 avril 1831, remonta le Nil, au mois d'août, de Rosette à Thèbes. Huit cents hommes, dirigés par M. *Lebas*, qui eut lieu d'admirer l'aptitude des Arabes à la pratique de nos arts, si nouvelle pour eux, travaillèrent pendant trois mois à abattre des maisons et à en bâtir, à déblayer deux monticules de décombres, à remuer, sur une longueur de 272 mètres, 90,000 mètres cubes de sable; tout cela parmi des tourbillons de poussière brûlante, sous un soleil qui portait le thermomètre de Réaumur à 50° (1). Pour la première fois, l'obélisque indiqué par Champollion, fut libre sur toutes les faces. Le 31 octobre, on vit les

(1) Tout le monde était à l'œuvre quand le choléra atteignit ces parages. Dès le 4 octobre, dix matelots du Louqsor furent frappés.

hiéroglyphes tracés sous le fût de granit (les
cartouches, nom et prénom, de Sésostris);
l'obélisque, revêtu de charpentes, n'eut plus
qu'à glisser sur la pente qui l'attendait. Un
trait de scie trancha l'avant du bâtiment, qui
fut hissé pour laisser entrer l'obélisque dans
la cale, puis redescendu et rajusté. Le 25 août
1832, la hausse du Nil permit au *Louqsor*,
de quitter son mouillage. Le 1er janvier 1833,
après trois mois d'attente, à la barre de
Rosette, il entra enfin dans la mer. Le
11 mai, il était à Toulon; le 22 juin, à Gibral-
tar; puis, le 30 juillet, à la Corogne; le
2 août, à Cherbourg; le 14, à Rouen; et
enfin, le 23 décembre, auprès du pont de
la Concorde. De là jusqu'au piédestal, fut
construit un plan incliné sur lequel, au
moyen de grands coins, le fût granitique pût
garder sa position horizontale.

Le 8 septembre 1836, il avait glissé jusqu'au sommet du piédestal : dans une situa-
tion telle, qu'il ne restait plus qu'à le faire
tourner, autour d'une des arêtes de la base,
pour qu'il fût à sa place définitive. C'est le
25 octobre que cette grande opération eut

lieu, « en présence du roi et aux applaudis-
» sements d'un peuple immense ». Même
appareil que dans l'abattage. L'obélisque
était tenu par dix cables passés au-dessous
de lui, en cravate, dans la dépendance d'une
grande charnière formée de dix mâts, presque
verticale, au départ, placée elle-même dans
la dépendance de cabestans que faisaient
mouvoir 350 artilleurs.

C'est à M. Lebas qu'il appartient de
raconter cette journée, et de dire comment,
après une courte suspension des manœuvres,
à la suite de craquements inquiétants, — le
fût granitique, au milieu d'un silence inter-
rompu seulement par les signaux des clai-
rons « s'éleva sans bruit, sans secousse,
comme un fardeau ordinaire. »

A 4 heures, il était sur sa nouvelle base,
après deux heures et un quart de travail
réel : couronné des mêmes couleurs qui
flottaient, il y a 40 ans, sur les ruines de
Thèbes.

Les sculptures du piédestal montrent les
principaux appareils de l'abattage, de l'em-

5

barquement, de l'érection (1). L'une des faces laisse voir la position primitive de l'obélisque transporté, et celle de l'obélisque qui nous attend encore à Louqsor.

Ces deux fûts de granit, inégaux (le plus petit, celui que nous possédons, posé sur un socle un peu plus haut et placé un peu en avant), s'élevaient devant une façade de palais, formée de deux massifs pyramidaux, de 70 pieds de haut, chacun de 92 pieds de long, entre lesquels s'ouvrait une porte, haute de 52 pieds. Une inscription, au dessous de la corniche des massifs, contient la dédicace de cette construction au grand dieu de Thèbes, par *Ramsès III*. Une inscription

(1) C'est dans la Relation de M. *Lebas* qu'il faut lire les détails de l'abattage et de l'érection. Dans l'abattage, l'*impulsion* était obtenue au moyen d'un simple câble; la *retenue*, qui devait prévenir toute accélération fâcheuse de l'obélisque, consistait à le tenir dans la dépendance d'une sorte de grande charnière, composée, de chaque côté du granit, de quatre mâts, en chevalet. Pour éviter des déblais inutiles, M. Lebas fit relever l'obélisque, la base en haut, pour le faire monter sur son plan incliné. — La fissure que vous voyez au bas de l'obélisque, sujet imprévu d'inquiétude, existait à cet endroit, depuis la première pose, comme l'apprirent, à la base, deux clés en bois de sycomore,

de l'obélisque oriental (resté en place) mentionne l'érection, par le même roi, des deux obélisques. Entre les obélisques et les massifs, se voient quatre figures colossales, d'environ 40 pieds de haut et d'un seul bloc de granit; enfouies dans le sable jusqu'à la poitrine : portraits mutilés de ce roi, sans doute, comme les colosses si justement admirés d'Ibsamboul.

Les fouilles n'ont fait retrouver que deux des faces écrites du dé de l'obélisque de Paris; l'une d'elles offre quatre singes cynocéphales, en relief, portant, sur leur poitrine, le nom du roi Sésostris; l'autre, des figures en pied du Divin Fleuve, faisant des offrandes de toutes sortes au dieu de Thèbes. « Ainsi, dit M. *Champollion aîné*, les bas-reliefs se rapportaient au grand dieu auquel les obélisques étaient consacrés et au grand roi qui les avait fait ériger (1). » Un mot de plus et la liaison du grand dieu et du grand roi est établie. Le roi, c'est le fils du dieu; c'est

(1) Une inscription sur les quatre faces du soubassement, au-dessous des bas-reliefs du dé, offre la dédicace même des obélisques au dieu de Thèbes.

une émanation, un *rayon du soleil*. C'est *aux rayons du soleil* (aux rois) que la stèle obélistique est spécialement affectée. Vous n'avez pas oublié le mot de *Pline* Notez encore que, dans les hiéroglyphes, la lumière est figurée par un soleil d'où pleuvent, comme d'un arrosoir, trois jets courbes qui présentent la forme de l'obélisque.

Ces offrandes du Nil me rappellent la belle pensée de M. *Geoffroy-Saint-Hilaire* sur la circonstance qui fit adopter, pour les inscriptions divino-royales, le granit rouge de Sienne. Dans le temps où l'Egypte n'était guère encore qu'un golfe de la Méditerranée, un barrage de montagnes granitiques, retenait, dans le haut pays, les eaux abyssiniennes jusqu'à ce qu'elles eussent atteint une certaine hauteur, d'où elles se précipitaient vers l'ouest. Peu à peu, ces eaux se firent jour, du sud au nord. Un immense service, ce fut d'aider à la nature, d'agrandir les issues de Sienne. Le moyen (celui dont on se servit toujours pour les obélisques) ce fut de faire, dans le granit, des percées de distance en distance; d'y introduire des coins

de bois bien secs et d'amener, à la fois sur
toutes ces entrailles, un filet d'eau : le ren-
flement du bois faisait le reste. Les roches
de Syène (1) gardent la trace de ce travail.
Il fallait désobstruer la carrière; et puis à la
vue de tels blocs, comment résister au désir
de les conserver? On les fit servir à immor-
taliser ce fécond emploi de la force publique,
ces hautes vues d'utilité générale. On y inscrivit, sous forme de titres acquis, les principaux devoirs des rois.

Du vaste palais de Louqsor, la partie-nord
seule, porte le nom de *Sésostris*. Les grands
tableaux dont sont couverts les massifs d'entrée (au nord), représentent les expéditions
militaires de ce Pharaon. — Le reste qui
s'ouvre par une avenue de 14 colonnes et
conduit à une cour, à des portiques et à une
suite nombreuse de pièces de toute grandeur,
porte le cartouche d'*Aménophis III* (le *Memnon*
dont la statue colossale est si célèbre).

Quant à Sésostris, bien que l'érection des

segment type="">(1) Vous pouvez voir mentionné dans la *Description de l'Egypte*, tome 1er, un grand obélisque à l'état d'ébauche, enfoui par une extrémité dans le sable, près de Syène.

deux obélisques lui appartienne, leur extraction et leurs premières sculptures sont d'un
autre règne. Ils portent les noms de deux
rayons solaires distincts; de deux rois suc-
cessifs : de Sésostris (Ramsès III), et de son
frère et prédécesseur, *Ramsès II*.

Dès 1824, Champollion le jeune distinguait
nettement ces deux rois dans l'obélisque de
Paris. La colonne médiale (en trois côtés du
moins) appartient à Ramsès II, ainsi que
trois des tableaux supérieurs d'offrande; on
les peut rapporter à l'an 1570 avant l'ère
chrétienne. La dernière colonne médiale res-
tée vide (1), et toutes les colonnes latérales
ainsi que le côté par où le fût est posé sur
le piédestal, portent le nom de Ramsès III.
On peut les reporter à l'an 1550, avant notre
ère (2).

(1) Celle qui regarde la Seine.
Tout obélisque qui n'a qu'une colonne simple d'hiéroglyphes, ne porte qu'un nom de roi. Tout obélisque à
triple colonne porte le nom de plusieurs rois, et le nom
du premier en date, est à chercher dans les colonnes
médiales.

(2) Dans l'obélisque resté à Louqsor, trois faces entières
restèrent à la disposition de Ramsès III, qui les couvrit
d'une triple colonne, indépendamment des deux colonnes
latérales de la quatrième face.

Les cartouches-prénoms de l'un et de l'autre roi (1) sont précédés, au dehors, du *scep-tre* et de l'*abeille* égyptienne; accompagnés des *demi-sphères* qui montrent que ces signes sont employés idéographiquement; un *soleil* en est aussi au dedans le premier signe. Les cartouches-noms de l'un et de l'autre (comme de tous les rois) sont précédés, au dehors, d'une figure d'*oie* et d'une figure de *soleil*, que l'on traduit : *le fils du soleil* (ou de *Phré*).

Les noms des deux rois sont les mêmes, bien que différemment écrits; ils se lisent : *Ammon mai Ramesès* (chéri d'Ammon, Ramsès).

Les prénoms seuls diffèrent. Celui de Ramsès III, que vous voyez en haut de la colonne médiale du côté du sud, contient les mêmes signes que le prénom de Ramsès II (un *soleil*, un *bâton à tête de chien* ou de *chacal*, une *image* de *Tmé*, l'égalité, la justice, la vérité); mais il contient, en outre, une figure qui est considérée comme un *signe d'épreuve*, et un *soleil*.

On traduit le prénom de *Ramsès II* par ces

---

(1) Comme tous les prénoms de rois.

mots : *Phré*, gardien, directeur ou *régula-*
teur de Tmé; et celui de *Ramsès III* par les
mêmes mots, auxquels on ajoute : *approuvé*
par Phré. Telle est (du moins, pour le sens)
la signature hiéroglyphique de *Sésostris*,
empreinte sur un si grand nombre de monuments, et qui se lit ainsi, après celle de
Ramsès II, sur la table d'Abydos.

Ce *granit écrit*, sans remonter aussi haut
que celui qui porte, à Héliopolis, le cachet
d'*Osortasen*, est donc plus ancien que nos
plus anciens livres; il était déjà chargé des
louanges de Ramsès II, que *Numa, Solon,*
Lycurgue, Homère même, n'étaient pas
encore : comme nous, *Hérodote* l'a contemplé.
Combien, sous ces flots de lumière africaine
et dans cet air limpide qui lui gardaient une
inaltérable sérénité, n'a-t-il pas vu de générations naître et mourir! Egyptiens, Persans,
Grecs, Romains, Arabes, ont passé tour-à-
tour à ses pieds. Combien, sous notre ciel
moins égal, ne verra-t-il pas de générations
encore! Il n'a plus à craindre qu'une main
ignorante le taille en meules de moulin : la
France s'engage à le transmettre à la posté-

rité « *comme l'une des œuvres les plus vénéra-bles de l'Egypte* », et en même temps « *comme un insigne monument de la gloire récemment acquise, par les armes et les études, sur les bords du Nil.* »

Nous terminerons cette courte notice sur l'Obélisque par la lecture de ses inscriptions, telle, à peu de chose près, que la donne la publication de feu *Salvolini*.

CÔTÉ DE L'ÉTOILE. *Inscription du bas-relief, au-dessous du pyramidion* : « Voici le dire d'Ammon-ra, dominateur des trônes du monde; il dit : nous t'accordons une puis-sance sans bornes et une félicité parfaite. »

DEVANT L'IMAGE DU PHARAON, *agenouillé devant Ammon-ra, et faisant l'offrande de deux vases.* « Le dieu bienfaisant, le domi-nateur des deux mondes, *Phré, régulateur de Tmé*, fils du soleil, *Ramesès Ammon maï*, vivificateur perpétuel comme le soleil. »

ENTRE L'IMAGE DU ROI ET CELLE DU DIEU. « Offrande de vin à Ammon-ra. »

COLONNE DE GAUCHE. « L'Hor puissant, astre vigilant, conquérant victorieux des régions orientales par sa vaillance; celui qui, par ses victoires, a subjugué toutes les contrées étrangères; le roi *Phré, régulateur de Tmé, approuvé par Phré,* le fils du soleil, *Ramesès Ammon maï.* Tous les peuples sont venus apporter leurs tributs au roi *Phré, régulateur de Tmé, approuvé par Phré,* le fils du soleil, *Ramesès Ammon maï,* vivificateur. »

COLONNE MÉDIALE. « L'Hor puissant, ami de Tmé, le dominateur de la région supérieure et de la région inférieure, le régulateur de l'Egypte, le dompteur des contrées étrangères, l'Hor resplendissant, l'espoir du siècle, le plus grand des conquérants, le roi *Phré, régulateur de Tmé,* le roi des rois, né des germes d'Ammon, et à son image, pour exercer sa puissance royale sur le monde pendant longtemps, afin d'activer la faveur religieuse des Thébains. C'est ce qu'à son intention, a fait exécuter le fils du soleil, *Ramesès Ammon maï,* vivant toujours. »

COLONNE DE DROITE. « L'Hor puissant, ami du soleil, le roi, le plus grand des guerriers, le chef vigilant : le monde entier a été ébranlé par ses exploits; le roi *Phre, régulateur de Tmé,* le fils du soleil *Ramesès Ammon* maï, issu de Mandou qui soutient son bras, le roi *Phré, régulateur de Tmé,* approuvé par *Phré,* le fils du soleil, *Ramesès Ammon maï,* vivificateur. »

CÔTÉ SUD; *au-dessous du pyramidion.* « Ammon-ra qui réside dans son sanctuaire, dit : nous t'accordons une félicité parfaite. »

DEVANT L'IMAGE DU ROI AGENOUILLÉ. « Le dieu bienfaisant *Phré, régulateur de Tmé,* approuvé par Phré, le fils du soleil, *Ramesès Ammon maï,* qui donne une vie stable et pure, comme celle du soleil. »

ENTRE L'IMAGE DU ROI ET CELLE DU DIEU. « Offrande d'une libation. »

COLONNE DE GAUCHE. « L'Hor puissant, ami de Tmé, le roi *Phré, régulateur de Tmé.* approuvé par Phré, le fils du soleil, *Ramesès Ammon maï,* le roi victorieux, préféré par le soleil, le soutien, l'âme des deux mondes, le conservateur de la religion, l'issu de Sevck-ra (*soleil-temps*), l'engendré du roi des dieux, destiné à dominer et assujettir le monde entier, le roi *Phre, régulateur de Tmé,* approuvé par Phré, le fils du soleil, *Ramesès Ammon maï,* immortel. »

COLONNE MÉDIALE. « L'Hor puissant, chef vigilant, le roi *Phré, régulateur de Tmé, approuvé par Phré,* fils préféré du roi des dieux qui le fait briller sur son trône, afin qu'il domine et assujettisse le monde entier. Il l'a purifié, l'ayant fait naître pour qu'il fît construire sa demeure des années (*l'Observatoire sacerdotal et royal?*), qui a été relevée dans l'Oph méridionale du Père, en faisant relever cet édifice consacré aux périodes d'années; c'est ce qu'a fait le fils du soleil, *Ramesès Ammon maï,* vivificateur. »

COLONNE DE DROITE. « L'Hor puissant, ami de Tmé, *Phré, régulateur de Tmé, approuvé par Phré,* le fils du soleil, *Ramesès Ammon maï,* le modérateur bienfaisant, le puissant dominateur qui frappe de terreur des multitudes d'ennemis. Ton nom sera stable comme le ciel, la durée de ta vie égalera celle du soleil dont elle émane, ô roi, *Phré, régulateur de Tmé, approuvé par Phré,* le fils du soleil, *Ramesès Ammon maï,* image du soleil!. »

CÔTÉ DES TUILERIES, *au-dessous du pyramidion.* « Voici le dire d'Ammon-ra, roi des

dieux ; il dit : nous t'accordons une vie constamment heureuse. Il dit : nous t'accordons
une puissance sans bornes. »

DEVANT L'IMAGE DU ROI AGENOUILLÉ. « Le
Dieu bienfaisant, le seigneur du monde,
Phré, régulateur de Tmé, le fils du soleil,
Ramesès Ammon maï, vivificateur comme le
soleil. »

ENTRE L'IMAGE DU ROI ET CELLE DE DIEU.
« Offrande de vin, faite par lui, le vivificateur. »

COLONNE DE GAUCHE. « L'Hor puissant, fils
d'Ammon, le roi reconstructeur des édifices,
le plus grand des conquérants, le fils préféré
du soleil, sur son trône, *Phré, régulateur de
Tmé, approuvé par Phré*, le fils du soleil,
Ramesès Ammon maï; il réjouit Thèbes
comme le soleil dans son élévation, par le
nombre considérable de grands et durables
édifices, le roi *Phré, régulateur de Tmé,
approuvé par Phré, Ramsès Ammon maï*,
vivificateur. »

COLONNE MÉDIALE. « L'Hor, puissant distingué dans les combats par sa bravoure,
dominateur de la région supérieure et de la

région inférieure, qui renverse les chars des guerriers de l'univers, l'Hor resplendissant dont la munificence est grande, le chef vigilant *Phré, régulateur de Tmé*, émanation divine du Père Ammon, maître des dieux, qui accorde que la demeure de Thoth (*de la Science*) soit dans la joie, et que les dieux du Palais céleste redoublent de joie. C'est ce qu'a fait exécuter, pour lui, le roi *Ramesès Ammon maï*, immortel. »

COLONNE DE DROITE. « L'Hor puissant, ami de Tmé, le roi très-aimé, semblable à Ammon, le fils préféré d'Ammon, la lumière du trône pour longtemps, le roi *Phré, régulateur de Tmé, approuvé par Phré*, le fils du soleil, *Ramesès Ammon maï*, vivificateur. »

CÔTÉ NORD (*tourné vers le nord, à Louqsor*). *Au-dessous du pyramidion, devant l'image d'Ammon-ra;* « il dit : nous t'accordons une vie de bonheur parfait et stable; nous t'accordons une puissance sans borne. »

DEVANT L'IMAGE DU ROI AGENOUILLÉ. « Le maître du monde, *Phré, régulateur de Tmé*, le maître des diadèmes, *Ramesès Ammon maï*, vivificateur. »

COLONNE DE GAUCHE. « L'Hor puissant, le plus grand des conquérants, qui se distingue dans les combats par sa bravoure. Le grand roi qui a foulé toutes les contrées. Il tient dans la soumission et surveille tous les pays conquis, le roi *Phré, régulateur de Tmé, approuvé par Phré*, le fils du soleil, *Ramesès Ammon maï*, très-aimé par son élévation comme par sa pureté, le roi *Phré, régulateur de Tmé, approuvé par Phré*, le fils du soleil, *Ramesès Ammon maï*, vivificateur. »

COLONNE MÉDIALE. « L'Hor puissant par le soleil, celui qui tient soumis les peuples, le seigneur de la région supérieure et de la région inférieure, le guerrier du siècle, le lion redoutable, l'Hor resplendissant, le plus grand des conquérants, *Phré, régulateur de Tmé*, vaillant gardien des frontières, soleil visible; toutes les nations sont venues au devant de lui par l'ordre d'Ammon, Père divin. C'est ce qu'a fait exécuter pour lui le fils du soleil, *Ramesès Ammon maï*, immortel. »

COLONNE DE DROITE. « L'Hor puissant, le chef des Panégyries, l'ami des peuples, le roi victorieux et vaillant qui a soumis le monde,

le chef suprême des rois, semblable à Ammon,
le roi *Phré, régulateur de Tmé, approuvé par
Phré,* le fils du soleil, *Ramesès Ammon maï.*
Tu foules aux pieds les chefs des contrées
conquises, ô roi, *Phré, régulateur de Tmé,
approuvé par Phré,* fils du soleil, *Ramesès
Ammon maï,* vivificateur. »

FIN DE L'OBÉLISQUE DE LOUQSOR.

––––––––

THÈBES ET MEMPHIS, A PARIS

La collection des antiquités égyptiennes
au Louvre est placée au rez-de-chaussée,
dans une grande salle où l'on entre par la
porte de l'aile de l'est, à gauche, sous la
colonnade.

Ici le visiteur entre dans un monde tout
autre que celui des autres collections. Ce
n'est plus l'art grec dans sa beauté éminente
et poétique; ce n'est plus l'art assyrien, avec
ses formes hautaines et hardies : c'est un art
immobile et sans progrès, qui ne s'est jamais

proposé de réaliser la beauté idéale comme
les artistes grecs. Il est impossible de parcourir cette salle et d'envisager ces mornes
monuments, généralement de granit noir, et
dont l'uniformité est presque absolue, sans
éprouver un sentiment fort vif, celui que pro-
duit toujours la contemplation des ruines ou
des monuments qui se rattachent aux plus
anciennes traditions de l'ancien monde. Ces
débris ont été contemporains des temps bibliques, antérieurs même à l'existence du peuple hébreu dans la Palestine. L'imagination
aime à se plonger dans ces profondeurs. Il y
a ici des monuments qui remontent au dix-
huitième siècle avant l'ère chrétienne. Il y a
des stèles ou colonnes hiéroglyphiques se
rapportant à la douzième dynastie. Celle qui
en fournit le plus grand nombre est la dix-
neuvième, à laquelle appartenait Ramsès ou
Sésostris, qui florissait vers 1450 avant Jésus-
Christ. On pense que ce conquérant célèbre
fut le fils du Pharaon qui périt dans la mer
Rouge en poursuivant les Hébreux. Quoi
qu'il en soit, cette époque de la dix-neuvième
dynastie est la plus haute, la plus grande

époque de l'art et de la civilisation en
Egypte. Mais cet art se développa peu à peu
et ne changea pas de caractère jusqu'à la fin.

Au fond de la salle égyptienne s'ouvre un
vaste escalier, au sommet duquel se trouve
une superbe ordonnance architecturale : sous
cette dernière vous admirez un monarque
égyptien, assis, les mains appuyées sur les
genoux, en beau marbre égyptien transpa-
rent; puis vous entrez dans les salles d'archéologie égyptienne, qui se succèdent au
nombre de trois, et contiennent, non plus
es monuments de la statuaire, mais les objets de la vie journalière des Egyptiens, trésors archéologiques, rangés dans un très-bel
ordre, et que l'on ne parcourt pas sans émo-
tion. Là se voient tous les objets de la vie
domestique, des vases égyptiens de toutes
les formes, des momies d'oiseaux, d'animaux
et d'hommes d'une parfaite conservation; des
palettes sur lesquelles sont encore les couleurs, des portraits, des tissus, des bagues,
des scarabées, des colliers, des harpes con-
temporaines de celle du roi David, du blé,
même du pain, recueilli dans les tombeaux ;

enfin, des manuscrits égyptiens de toutes
les époques et de toutes les dimensions. En
vous promenant dans ces trois salles, vous
vivez de la vie de ces vieux âges; vous êtes
transporté auprès d'une famille égyptienne,
une de celles, si vous le voulez, dont les
corps sont encore là, devant vos yeux, sous
leurs bandelettes; vous relevez ces bazars
remplis de mille objets qui comparaissent
ici, vous assistez enfin à tous les détails
d'une journée dans une riche maison de
Memphis ou de Thèbes.

Mais ce n'est pas tout : si c'est la ville de
Thèbes, la ville aux grandes ruines, que
nous voulons visiter sans sortir de notre propre capitale, allons sur la place de la Concorde, et considérons l'obélisque de Louqsor.

Les obélisques, monolithes ou aiguilles de
pierre, étaient placés par les Egyptiens,
deux à deux, en avant de la principale entrée
des temples et des palais. Celui de Louqsor,
que nous admirons à Paris, est très-beau,
en granit rose, et d'une grande élévation. Il
fut extrait de la carrière et taillé sous le
règne de Ramsès II, vers 1580 avant Jésus-

Christ; mais il ne fut érigé que sous Ramsès III, son fils, Sésostris, qui le fit placer à la porte de son palais à Thèbes. Les bas-reliefs qui sont sur chaque face représentent des allégories, des rois prosternés devant des dieux et leur offrant du vin. Du côté de la Madeleine, on voit le vautour, symbole de la victoire, planant au-dessus de la tête du roi. Le nom de Ramsès y est souvent rappelé, et l'on y constate les célèbres victoires de Sésostris. Du côté du pont Louis XVI, on voit le roi, coiffé d'une sorte de mitre, symbole de sa puissance, et surmonté du soleil ailé; il fait ses offrandes au dieu. On y lit des éloges au roi, fils des dieux, fils du soleil, dont le nom est stable comme le ciel, et qui vivra comme le soleil lui-même, lui, monarque mémorable qui tient les chefs de la terre sous ses pieds.

Il eut une grande pensée, celui qui, ayant fait venir à Paris cet admirable monolithe, lui donna la place qu'il occupe, où il s'harmonise d'une si noble manière avec les belles lignes qui s'étendent devant lui sur ses quatre côtés. De plus, la place Louis XVI, place de la Révolution, place de la Concorde, gardait sur son sol de si funestes souvenirs, que ce monument, contemporain des plus vieux siècles, placé en cet endroit, porte avec lui un haut enseignement. L'obélisque parle éloquemment de la suite des générations; symbole de l'infini, il détourne la pensée des choses mobiles du temps et la reporte sans effort vers la région du ciel et de l'éternité.

FIN.

TABLE.

—

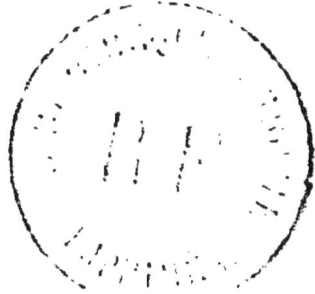

FIN DE LA TABLE.

Limoges. — impr. EUGÈNE ARDANT et Cⁱᵉ

www.ingramcontent.com/pod-product-compliance
Lightning Source LLC
Chambersburg PA
CBHW051743090426
42738CB00010B/2390